成功のコンセプト

Principles for success

三木谷 浩史

幻冬舎

成功のコンセプト

はじめに

ほんの10年前のことを思い出してほしい。

1997年――。

世紀末を目前に控え、未来への希望と不安が入り混じった一種独特の興奮が世界を覆っていた頃のことだ。

未来は果たして人類にとって幸せなものなのか、それともそうではないのか。あの頃の混沌《こんとん》とした雰囲気の底には、人々のそのような根本的な疑問が横たわっていたのだと思う。

世界を騒がせた2000年問題はその象徴だろう。

――2000年の1月1日午前0時。コンピュータが抱えている極めて初歩的な欠陥がコンピュータ・ネットワークを通じて連鎖反応的に広がり、システムを崩壊させ、世界を未曾有《みぞう》のパニックに陥れるだろう。

そう言い始めたのが、誰なのかは知らない。だが、コンピュータの小さな欠陥が人類社会を混乱させるという〝予言〟には、奇妙な説得力があった。

世界中のコンピュータがネットワークで結ばれ、人々の生活は急速に便利になっていく。しかしその便利さの裏側には、危険な落とし穴があるのではないか？

コンピュータが急激に普及することに対して人々が漠然と感じていた不安と、その〝予言〟は見事にシンクロしていた。

実際に、不測の事態に備えて食料品や水を大量に買い込む人たちまでいたほどだ。コンピュータのネットワークを、人々がどれだけ評価していたかがよく分かる。その評価が、過大なものだったのか、それとも適正なものだったのかは、議論の分かれるところだろうが。

僕自身がその問題について、当時どのように考えていたのか、よく憶えてはいない。

1997年といえば、いわゆるネットバブルが始まる約2年前のことだ。結果として僕はそのネットバブルの真《ま》っ直中《ただなか》を走り抜けることになるのだが、ネットバブルが実際にどういうものだったのかもよく知らない。

仕事に夢中で、他を見ている暇がなかったのだ。

僕はその頃、ワイシャツの袖をまくり上げ、地方都市の商店街を走り回っていた。目指す商店が見えてくると、脚を高く上げ、腕を大きく振る。それでも足りなければ、空き地を見つけて腕立て伏せをした。そのまま額や脇の下にかいた汗を拭わずに、息を切らせて目的の商店に駆け込む日々。

高級スーツに身を包み、気取って話をするより、汗をかきながらでも一所懸命に話をした方が相手がよく聞いてくれることを、僕は経験から学んでいた。

つまりそれは、僕がいかに真剣かをアピールするためのパフォーマンスだった。パフォーマンスと言えば聞こえがいいが、みみっちいと言われれば、ものすごくみみっちい。

そこまでしなければ、話さえも聞いてくれない。それが現実だった。

なにしろ僕が売ろうとしていたのは、当時としては〝かなり胡散臭《うさんくさ》い〟とされていたものだった。

インターネットの仮想空間に僕たちが作るショッピングモールへの出店である。

僕はこの年、1997年に、楽天市場を開設した。

今でこそインターネットでモノを買うのは珍しいことではない。しかし、10年前のあの頃、近い将来こういう時代が来ると予想できた人が何人いただろうか。少なくともビジネスマンの中には1人もいなかったのではないだろうか。

地方の商店主や企業の担当者を相手に、そういう日が目前に迫っていることを力説していた僕自身にも、揺るぎない自信はあったものの、100%の確信があったわけではない。

なにしろ〝インターネット上のショッピングモール〟というアイデアは、インターネットが少しだけ普及し始めたその時代、すでに過去のものになろうとしていたのだ。

NTT、NEC、富士通、三井物産などをはじめとする大企業が、当時すでに、このインターネットのショッピングモールという事業分野に乗り出していた。しかし、どの企業も成功とはほど遠い状況だった。ホームページを覗《のぞ》いても、倒産直前のデパートのように空き店舗ばかりで、まともな商売ができていなかった。

他ならぬインターネット業界の人々から、インターネット・ショッピングは日本人には馴染《なじ》まないビジネスモデルだという烙印《らくいん》を押されていたのだ。

僕たちが必死で営業をかけていた商店主の中には、インターネット上に店のホームページを開設している人たちもかなりいた。そういう人たちほど、説得するのが難しかった。

彼らはインターネットの価値と将来性を信じて、ホームページを作ったわけだ。おそらくは、「ホームページを作りさえすれば店の売り上げが上がる」という製作業者の営業マンなどの言葉を信じ、大金を投じたのだろう。その結果がはかばかしくないことを、彼らは身をもって体験していたのだ。

楽天市場のサービス開始は97年の5月1日。この時点で、楽天市場に出店してくれていたのは13店舗だった。実を言えば、そのほとんどが僕の昔からの知り合いであり、無理矢理頼み込んで出店してもらったというのが、正直なところだ。

スタッフは総勢6名。その6人が全国を駆け回って営業活動を続けてはいたが、1カ月に4店から5店の出店者を獲得するのがやっと、という有様《ありさま》だった。

10年の時を遡《さかのぼ》り、あの頃の僕の耳元で楽天の現在を告げたとしたら、果たしてどんな顔をしただろう。

現在の楽天市場への出店者は約2万店、流通総額は2006年1年間で4200億円を突破した。楽天トラベルや楽天証券なども含めた楽天グループ全体の流通総額は1兆円規模に到達した。考え方にもよるけれど、インターネット企業では世界6位の規模だ。

あの小さな会社が、わずか10年でここまで巨大になることを僕は信じただろうか。

未来は不確定だ。明日何が起きるかは誰にも分からない。それは、この世に存在しているあらゆるものが変化し続けているからだ。

昔の人はその真理を、無常という言葉で表現した。

僕はそのことを、1995年に起きた阪神・淡路大震災で深く悟らされた。

僕の実家は明石《あかし》市にある。両親は無事だったが、大切な縁者を亡くしてしまった。懐かしい叔母夫婦の消息を求め、面影もないほど破壊された街をとぼとぼと歩き、学校施設に安置された何百もの棺を見つめながら、僕は人間の命がいかに簡単に奪われるものかを思い知った。自分もいつかは必ず死ぬということが、ごく自然な現実として心に染み入ってきた。

人生は一度しかない。だからこそ何かを成し遂げたいと思う。

そしてこの世で何かを成し遂げるためには、世界が無常であることをいつも心に刻んでおかなければならない。

自分を叱咤《しった》するためにも、未来に適応するためにも。

たったの10年で楽天は爆発的な成長を遂げた。それは、インターネットが予想以上の勢いと密度で人々の生活に入り込んでいったからだ。

ネットバブルはあっという間に破裂したが、そのバブルから発生した大波に楽天は上手く乗ることができたのだ。

それを幸運と呼ぶ人がいる。

僕自身も幸運だったと思う。

けれど、幸運だけでは成功することができない。

「幸運はチャンスと準備の交差点」という英語の諺《ことわざ》がある。

こちらに十分な備えがなければ、チャンスを生かして幸運とすることはできないのだ。

早い話が10年前のあの時点で大手の企業が僕たちと同じことを始めていたら、楽天の今はなかったかもしれない。

楽天を立ち上げる準備は前年の96年から始めたのだが、社員は僕を含めてたったの2人だった。ほとんどゼロからの出発。その気になれば誰でもできたはずだ。

こんな言い方は不遜《ふそん》かもしれないけれど、そこに確かにあったチャンスを生かして幸運にすることができたのは僕たちだけだった。

楽天はなぜ急成長できたのか？　そこにはどんな秘訣があるのか？　そう聞かれることがある。そんな時、僕はかなり困ってしまう。秘訣などはない。ただ僕は、ごく真摯《しんし》にビジネスに取り組もうと考え、準備し、その姿勢を崩さなかっただけだ。

その僕のビジネスに対する考えを表したものに、創業当時から現在に至るまでずっと社内に掲げている『成功のコンセプト』というポスターがある。ここには、僕が考えるビジネスにおいてもっとも重要だと思う5つの項目が記されている。

本書ではその『成功のコンセプト』を基に、僕の考え方を紹介していこうと思う。そして、読んでくださった方が少しでも何かの参考にしてくださり、日本企業が少しでも活気づけば、僕にとってもこれ以上の幸せはない。

成功のコンセプト　目次

構成
石川拓治

装幀
アートディレクター 佐藤可士和
デザイン
株式会社IMJ

本文デザイン
高橋一雄（幻冬舎デザイン室）
本文DTP
中村文（tt-office）

第１のコンセプト

『常に改善、常に前進』

日々改善。日々前進

改善という言葉に目新しさを感じる読者はおそらくいないだろう。

世界のビジネス界においても「カイゼン」という言葉は、いちばんよく知られた日本語のひとつでもある。

それは使い古された言葉だけれど、太陽が何千回地平線から昇ろうと太陽のことを古いと言う人がいないように、改善という言葉は人間がビジネスをしていく限り永遠に使い続けられるはずだ。

人間が創り出すモノはどんなものであれ改善の余地が必ずあるからだ。

そして日々改善を続ける限り、人は日々前進することができる。

社会へのより深くより広範なインターネットの浸透によって、大きく変化していく社会では改善の重要性はますます高まるに違いない。

改善は人が未来を切り開くための強力なエンジンだ

ビジネスを成功させるためには、未来へのビジョンが必要だ。

それはどんなビジネスにも言えることだろうが、ことにインターネット・ビジネスにおいては決定的に重要な意味を持つ。この10年間でインターネット環境がどれだけ激変したかを考えれば、それは明らかだろう。

未来へのビジョンを立てるのが難しいのは、未来が不確定だからだ。未来を予想することはできても、未来を見ることはできないのだ。

それゆえに企業は、不確定な未来に対する戦略を持つことになる。

この戦略は大きく2つのタイプに分けられる。

たとえばグーグルの戦略は〝ダーウィニアン・アプローチ〟と呼ばれている。ダーウィニアンは日本語に訳せばダーウィン主義者、つまり進化論者ということだ。

グーグルは企業というよりむしろ研究所、あるいは大学に近い。なにしろ会社をオフィスではなく、キャンパスと呼んでいるくらいだ。彼らは天才的な技術者を集めて、数々の画期的なサービスやそれを支えるシステムを開発し、次々に世に送り出す。だが天才の作ったサービスといえども、すべてが世の中に受け入れられるとは限らない。ではどうするかというと、グーグルは受け入れられないサービスはすぐに見切りをつけて中止するのだ。

インターネット世界の自然淘汰に、自分たちのサービスの将来をゆだねるわけだ。ゆえにダーウィニアン・アプローチ。言葉はあまり適切ではないかもしれないが、とにかく種をばらまいて、元気に芽を出したものだけを育てるという戦略だ。

楽天は、その正反対のアプローチを採用している。

あるアメリカのインベストメント・バンキングのトップに「楽天のやり方は分かりやすく言えば、マイクロソフトにとても似ている」と言われたことがあるけれど、僕もその通りだと思う。

マイクロソフトの戦略は、現在のＶＩＳＴＡに至るまでの Windows OS の改善の歴史を見れば明らかだ。初期の Windows OS はどう好意的に見ても、その使いやすさにおいては Mac OS にはかなわなかった。けれども、マイクロソフトは執《しつ》拗《よう》にそれを改善し続けて世界共通のOSに育て上げたのだ。Xboxが最初にリリースされた時も、世間の見方は厳しかった。「こんなものはすぐに失敗するだろう」と言う人さえいた。彼らの戦略がダーウィニアン・アプローチ的なものだったら、駄目なものは淘汰にまかせるわけだから、Xboxはすでに世の中から消えていたはずだ。MS-DOSもインターネット・エクスプローラも同じでバージョン1・0の時は駄目だった。しかしマイクロソフトは止めようとしない。欧米諸国でのXbox360の爆発的なヒットや、インターネット・エクスプローラがシェアの大半を占めている現在の状況を見れば、彼らの戦略がいかなるものか分かる。バージョンアップを細かく重ねながら、少しでも先行者に追いつき、最終的には大きな成功を手に入れる。改良をしながら勝つまでやり続けるのが彼らのやり方なのだ。

その方法論については、僕たちもまったく同じだ。

6人が1カ月走り回り、何百の商店や会社を訪問したか分からないけれど、獲得した出店者が4、5店舗ということは、成功確率はせいぜい1%か2%というところだろう。これが農作物なら、発芽率がたったの1％の種を栽培することはありえないはずだ。

けれども僕はそれを、たったの5店舗とは思わなかった。

5店舗も集まったのだ。これはすごいことじゃないんだろうか、と思っていたのだ。

たったの5店舗であろうと、楽天市場に出店してくれたということは、出店してくれた理由があるということだ。ゼロは何倍してもゼロだが、1でも2でも数字があれば改善してそれを増やすことができる。

そして何かを改善すれば、必ず次の改善ポイントが見えてくるはずだ。さらに改善すれば、また次の改善ポイントを見つけることができる……。

これを延々と繰り返してきたのが、僕たちの未来に対するアプローチだ。そしてそのアプローチは今も変わっていない。

僕はこれを改善モデルと呼んでいる。改善することが前提なのだ。

だからiPodやグーグル検索のように、最初から爆発的に広まるということはない。スタートはゆっくりでいい。けれど改善を続けていけば、必ず世の中に認知されるようになる。そして認知されるにしたがって成長のスピードは加速していく。改善の蓄積があるから、クオリティは極めて高いものになっている。

忍耐力は必要かもしれないが、諦めずに続けさえすれば確実に目標を達成できるやり方だ。

もしかしたらどこかの段階で、天才的なライバルが現れて、まったく別の方式でショッピングモールを始めることもあるだろう。その瞬間は相対的に負けることがあるかもしれない。けれど、改善さえ続けていけば、最終的には追い抜ける。

改善というのは、絶対的に成長する方法なのだ。

天才は99%の汗と、1%のインスピレーションからできているとエジソンは言った。それが真理だと思う。インスピレーションの大切さは言うまでもないけれど、そのアイデアの上にさらに改善を積み重ねることができる人こそが、本物の天才なのだ。

現在の状態に満足せず、常に改善を続けてきたこと、常に前進してきたことが、楽天をここまで成長させた本当の秘訣だと思う。改善を続けているからこそ、僕たちはインターネットの普及という千載一遇のチャンスをここまで生かすことができたのだ。

未来を正しく見通すことは大切だが、それだけでは意味がない。改善は人が未来へ向かって突き進むための、強力なエンジンなのだ。

未来へのビジョンを信じて改善を行っていく

楽天がビジネスをスタートさせた〝インターネット上のショッピングモール〟という事業分野は、先に参入していた大企業がかなり苦戦していた分野である。インターネットには確実に将来性があるはずなのに、なぜ苦戦するのか。そこには確実に〝改善〟の余地がある、と僕は考えていた。

そして導き出したひとつの答えが費用設定だった。

この楽天市場への出店料が、僕たちが成功した秘訣だという人もいる。

当時のインターネットショッピングモールへの出店費用はきわめて高額だったのだ。たとえばある大手は、入会するのに100万円、毎月のシステム使用料が30万円、さらに売り上げの10%程度をマージンとして支払うシステムを採用していた。相場というようなものはなかったと記憶しているが、他の企業も似たりよったりの費用を必要としていた。

楽天はそれを月額5万円にした。入会金は無し、売り上げに応じたマージンも無し。とにかく毎月の固定費5万円を支払えば、楽天市場に店が開けるというわけだ。

インターネットショッピングモールには、実際の店舗のような空間的制約がない。つまり、インターネットにつながったパソコンさえあれば、どこからでも出店できる。これは出店者の立場からすれば、東京の青山に住んでいても、北海道の漁村に住んでいても、まったく同じ条件で商売ができることを意味する。

それがこのビジネスの革新的な長所であり、同時に落とし穴でもある。

ユーザー側から考えれば、インターネット上には何百万、何千万というホームページがあるわけだ。その無数のホームページの中から、楽天のショッピングモールを選んでもらえなければ、理屈ではどこからでも出店できると言っても、現実にはどこにも存在しないのと同じことになる。

インターネットの仮想空間上では、店舗を開設する〝場所〟の善《よ》し悪《あ》しは、どれだけの数のユーザーに認知されているかで決まる。

僕はあの頃よく出店者の方々に、「楽天市場を銀座四丁目の交差点にします」と言っていた。

その鍵となるのは、当然、ホームページを見るユーザーの数だ。

たとえば現在の楽天市場のトップページには、一日平均420万アクセスがある。すなわち、一日で420万回ユーザーが訪れているということだ。そこをひとつの街と考えれば集客力は銀座四丁目をはるかに凌《しの》いでいる。それも認知度の高さゆえの現象なのだ。

認知度を上げるには、店舗の数を増やすことが第一だ。1億2800万人の日本人の趣味嗜向は多種多様だ。できるだけ多くのユーザーを惹《ひ》きつけるためにも、できるだけ多くの出店者を集めようと思った。店がたくさん集まっているところにお客さんも集まるのは自明の理だからだ。

空間的制約のないインターネット上では、誰もがいちばん賑《にぎ》やかな市場に出店しようとするはずだ。銀座四丁目に毎月５万円の家賃で店が持てる話があったら、乗らない方がどうかしている。出店者が増えれば増えるほど、ユーザーの人気が集まり、出店者はさらに増加し、ユーザーはさらに増える……。そこには強力な相乗効果が生まれる。

インターネットの世界では、この相乗効果を最初に作りだして、出店者数とユーザー数で突き抜けたショッピングモールがすべてを握ることになる。

最終的に勝利するためには、他の企業がそのことに気づく前に、出店者数で他を引き離しておく必要がある。これはスピードの勝負なのだ。

そう考えて、固定費で月額５万円という当時としては破格の金額を設定したのだ。

５万円という金額にも理由があった。

１カ月５万円なら、個人商店主にとってもそれほど負担にならないはずだ。企業で考えれば、課長クラスで決済できる金額が５万円でもある。これが10万円になると、部長以上の承認を必要とする企業が多くなる……。出店数を増やすためには、どうしてもこのくらいの金額に抑えておく必要があった。

楽天の人件費やサーバーにかかるコストを計算すれば限界に近い金額だった。しかも、楽天市場への出店者数が爆発的に増えていけば、月額5万円の固定費という出店費用は見直さなければならなくなることも分かっていた。サーバーへの負荷が増加すれば、システムへの多額の投資が必要になるからだ。

サーバーというのは分かりやすく言えば、僕たち情報提供者側が使うコンピュータのことだ。サーバーに対して、一般のユーザーがインターネットにつないで使っているコンピュータのことをクライアントと呼んでいる。

ちなみに、どちらもコンピュータであることに違いはないが、サーバーのコンピュータにはパソコンより大型で情報処理能力も高いものを用いるのが普通だ。

楽天市場をスタートしたばかりのこの頃は、事務所内に数台のサーバーを設置すれば十分すぎるほどだった。現在の楽天は、数千台規模のサーバーを使っている。セキュリティ上の理由ももちろんあるのだけれど、コンピュータが放出する熱の総量のことだけを考えても、とても一カ所に集めて設置できる数ではない。日本国内の某所数カ所にそれぞれ数千台のサーバーを収容するデータセンターを設けて稼働させている。

一カ所のデータセンターは、それだけでも優にオフィスビル並みの大きさがある。その内部はコンピュータを効率よく稼働させるために、人間にとっては少しばかり低い温度に調節されている。そのひんやりした空間に足を踏み入れ、何千台ものコンピュータが黙々と作動している様子を眺めていると、自分たちがやっていることながら、いつも畏怖《いふ》に似た思いにとらわれる。

インターネットを目で見ることはできないけれど、その時ばかりはインターネットというものが、どれだけの巨大な宇宙であるかということがはっきりと実感できる。楽天というひとつの企業を運営していくために、こんな圧倒的な量のコンピュータを必要としているのだ。いやもちろん、これほどのサーバーを抱える企業は日本中を探したっていくつもないことは分かっている。けれどそれでも、僕たちが本格的に世界へと進出していくためには、これはまだほんの手始めに過ぎないのだ。

話は少々横道にそれてしまったけれど、僕たちのサーバーへの投資額がこの10年間でどれだけ巨額なものになったかは想像して頂けると思う。

なにしろいちばん最初に導入したサーバーは、僕が秋葉原へ買いに行って自分で事務所に持って帰ってきたのだ。そういうレベルで運営できたからこそ、月額5万円ポッキリなんて無茶な価格設定ができたのだった。

冷静に考えれば、これはかなり荒っぽい戦術だ。

僕たちがしたことは、今の言葉で言えばある種の価格破壊だ。けれど、価格破壊というものは通常、すでによく売れている商品に対して行う、薄利多売を狙うものだ。

ところがインターネットショッピングモールへの出店という〝商品〟は、売れ筋商品などではまったくなかった。６人が1カ月必死で頑張ってやっと5店なのだ。薄利でしかも売れないとなれば、経営が行き詰まることは目に見えている。

あくまでも僕の予想した〝未来へのビジョン〟通りに世の中が動き、インターネットショッピングが日本で普及して初めて成り立つ戦術だった。

改善は凡人が天才になる方法

改善という日本語を世界に輸出したのはトヨタだ。

今やあまりにも有名な話だが、カイゼンという単語は英語の辞書にも載っているくらいだ。

日本語が英語になったということは、その言葉の意味する概念が欧米には存在しなかったということを意味している。

無理に英語をあてはめるならリファインだろうか。けれどそれでは、ニュアンスが微妙に違ってくる。改善という言葉には、一回きりでなく継続する、積み上げるという意味合いも含まれているからなのだろう。

トヨタの成功は欧米人の目には奇跡と映ったに違いない。欧米の多くの学者がトヨタのシステムを徹底的に研究したことからもそれは明らかだ。トヨタの秘密を解明していく過程で、成功のエッセンスのひとつとして抽出されたのが、カイゼンという彼らにとっては新しい概念だったというわけだ。

けれど、僕たち日本人にとって、改善は別に新しい概念ではない。

ある人からこんな話を聞いたことがある。江戸時代の剣術のある流派の奥義書を開いてみたら、たった一言こう書かれていたそうだ。

『今日の我は、昨日の我に勝つ』

なるほどなと思う。もし本当にそれができたら、人はいつか超人になれるのだ。

改善なんて言葉を持ち出すと、古臭いと言う人もいる。

だが真理には、新しいも古いもない。人類が地球上に出現してから何億回太陽が昇ろうとも、日の出を見て古いなどと言う人はいないのだ。

改善という言葉についた手垢《てあか》に惑わされてはいけない。

1・01の365乗はいくつになるか計算してみるといい。1日1％のわずかな改善であっても、1年続ければ元の37倍以上になるのだ。

人間の力には、3つの種類がある。

実力と能力と潜在能力だ。

人が持つ潜在能力には根本的な差がある。

とは言っても、潜在能力が高い人が必ず勝つわけではない。潜在能力は開発しなければ、現実に使える能力にはならないからだ。

さらに、能力が高い人が低い人に負けることもある。それは、周囲の状況や自分のコンディションによって能力を十分に発揮できないということがあるからだ。十分に発揮できなければ本物の力ではない。もし能力の60%しか発揮できなかったとすれば、それがその人の実力ということになる。

スポーツは弱肉強食の世界だから、トップアスリートともなれば（これはあくまで僕の独断だが）潜在能力の80%くらいは開発されているのだろうし、引き出した能力の70%くらいの実力をコンスタントに発揮しているに違いない。

ところがビジネスの世界では、そこまで使っている人は極めて少ない。

潜在能力の10%程度しか使っていない人がほとんどだろう。そもそも潜在能力を引き出そうなど、考えたこともない人の方が多いのではないだろうか。

ビジネス戦士などと言っても、しょせんはその程度というのが僕の実感だ。

けれどこれは、あらゆるビジネスマンにとってのチャンスでもある。

潜在能力でどれだけの差があったとしても、勝てるチャンスがあるということだから。

しかもスポーツ選手のように、昨日の自分に勝つために血を吐くような努力をして潜在能力の壁に挑戦する必要すらない。

潜在能力を10%しか使っていない人が、たとえばさらに10%潜在能力を引き出すのはそれほど難しいことではないだろう。少なくとも計算上では、たったの10%で能力は2倍になるのだ。

にもかかわらず、誰もそれをしようとしていない。

もったいないないなと思う。

社員の一人一人が、あと10%自分の潜在能力を引き出したらいったいどういう企業になるか。僕は考えただけでワクワクする。

楽天はそういう企業のモデルになるつもりだ。自分たちが成功モデルになって、他の企業にもそういう文化を伝播《でんぱ》させたいと思う。

一人一人が潜在能力を引き出せば、企業の能力は飛躍的に向上する。一つ一つの企業の能力が向上すれば、社会そのものが大きく変わるはずだ。

辞書でベンチャーという言葉の語源を調べたら、アドベンチャーからａｄを取ったものと書いてあった。ベンチャービジネスはビジネスにおける冒険なのだ。

僕も楽天という企業を通じて、世の中を変えるという冒険に挑んでいる。

この冒険の成否は、個々の社員がどれだけ能力を開花させるかにかかっている。

そしてビジネスの舞台で自分の能力を開花させるには、日々改善するという意識が何よりも役に立つのだ。


世の中は天才ばかりではない。

けれども、改善は誰にでもできる。そして、日々改善を続けていけば、どんな巨大な目標だっていつかは達成できる。

つまり、改善は凡人を天才にする方法なのだ。

生まれながらの天才は階段を10段抜かしで跳んで、あっという間に自分を追い越してしまうかもしれない。けれどそのことに挫《くじ》けず、倦《う》まず弛《たゆ》まず、１段ずつ階段を上っていけば、いつかは天才を超えることができる。

そう僕は信じている。

歴史はそうやって進歩してきたのだから。

エジソンという天才は蓄音機を発明した。けれどその後に続く、無数の無名の技術者たちが改善を続けてきたからこそ、現代の驚異的な音響装置がある。ウォークマンだってｉＰｏｄだって、結局はその延長線上に存在している。

天動説から地動説へのパラダイムシフトだって、その裏側には天文学や物理学の地道な研究の積み上げがあった。パラダイムシフトの重要性については、僕も深く認識しているつもりだ。けれどあまりにもそのことばかりが強調されすぎているような気がする。走り幅跳びに喩《たと》えるなら、パラダイムシフトは踏み切りのジャンプだ。確かにジャンプは重要だけど、パラダイムシフトばかりを強調するのは、ジャンプの練習しかしない幅跳びの選手のようなものだと思う。ジャンプの前には助走がある。助走の練習を怠れば、どんなにジャンプが完璧でもいい記録は出せないはずなのだ。

助走しなければジャンプできないように、地道な改善の積み重ねによる知の集積があって初めてパラダイムシフトが起きる。コップから水をあふれさせるには、まずコップに水をためなければいけない。地動説からアポロ11号の月面着陸までの道のりには、数限りない改善の歴史があったのだ。

スティーブ・ジョブズという1人の天才が、iＰｏｄを生み出したという見方もできるかもしれない。それは一面の事実だが、彼の才能だけに頼っていたら限界がある。iＰｏｄという一つのプロダクトで世界制覇をすることはできても、それだけでは新しい産業を生み出すことはできないのだ。

天才はある日突然、不連続なオリジナルなものを生み出す。けれど不連続は決して連続しない。連続させることを忘れたら、退行があるだけなのだ。

激変する時代に対応するために必要なのは日々の準備だ

世界は今、かつてない規模と速度で変化している。

インターネットの普及によってどれだけ世の中が変わったかを意識するのは、コンビニエンスストアやファストフードチェーンのように目に見えるものではないから、難しいかもしれない。

楽天市場を作った時には、インターネットのショッピングモールという概念を理解してもらうことがまず一苦労だった。それが、わずか10年前のことなのだ。ところが今やインターネットを使って日本中どこに住んでいても、日本全国を相手に商売できるようになった。誰もそれを不思議と思わない。

広島県の山間《やまあい》の村に、三代続いたお米屋さんがある。ご主人はお米を知り尽くした方で、自分の仕事に深い愛情を持ってはいたけれど、お米屋さんとしての将来には夢を抱いていなかった。息子さんには後を継ぐ意思はないらしく、都会で就職していたからだ。

ご主人が楽天を知ってくださったのは、お米屋の商いを小さくしようと考えていた矢先のことだった。インターネットはもちろん、コンピュータに触るのも初めてだった。最初の頃は毎晩夜中までパソコンに向かって店のページを作ったという話だから、ご苦労もかなりされたはずだ。けれど、出店8年目の今年は、楽天市場での売り上げが月商1000万円を超えるようになっている。拡大したビジネスを手伝うために、息子さんも帰郷されたそうだ。

「息子が戻って来てくれたのがいちばん嬉《うれ》しい」

お米屋のご主人がそう言ってくださるのが、僕には何よりも嬉しい。そしてそういう話はこのお米屋さんだけでなく、日本中にたくさん広がっている。

これは当たり前の話なのだ。村の人しか来なかった店先を、インターネットを通じて日本中の人が覗けるようになったのだから。人通りの賑やかな銀座四丁目の交差点に、お米を愛するお米屋さんがお店を出したようなものだ。お客さんが集まらない方がむしろ不思議とすら言える。

こうしたことが、ごく普通にできる世の中になったのだ。

もちろんインターネットにだって長所もあれば短所もある。もっと正確に言えば、長所は同時に短所でもある。いい話ばかりで読者を惑わせるのは本意ではないので、その短所についても書いておこう。

楽天市場というインターネット上の〝銀座四丁目交差点〟に誰でも店を出せるということは、競争相手が増えるということでもある。たとえば楽天市場でお米がよく売れるということになれば、当然のことながらお米屋さんの出店が増える。

楽天市場に何十店ものお米屋さんが出店することもあり得るわけだ。というか今現在でも、すでにそうなりつつある。お米屋さんだけでなく、魚屋さんも、八百屋さんも、ケーキ屋さんも、あらゆるタイプの商店が何十店いや何百店何千店単位であろうと存在できるのが、インターネットという仮想空間なのだ。

インターネットのショッピングモールが物珍しかった頃は、競争相手も少なかったから、業種によっては出店するだけで爆発的に商品が売れるという話もあった。そういう時代は今やすでに過去のものなのだ。インターネットショッピングに多くの人が参加するようになって、当然のことながら、そこには競争も生まれている。ビジネスを軌道に乗せるためにはやはり努力が必要だし、それこそいつも改善する気持ちを忘れずに、工夫を重ねなければ成功はおぼつかない。仮想空間であろうが、商売の基本は同じなのだ。

だからこれは、インターネットさえ使えば楽して儲《もう》けられるという話ではない。

人がモノの売り買いをするようになってから何千年の時が流れたか分からないけれど、その何千年もの長きにわたって空間的制約は商売の足枷《あしかせ》になっていた。なにしろすでに2000年前に、寺院の庭でモノを売っていた商人たちがキリストの怒りをかっている。キリストは神に祈りを捧げる場所で商売をするなんて許せなかったのだろうけれど、商人の立場からすれば人が大勢集まる寺院こそが最高の商業スペースだったわけだ。

おそらくその寺院の庭のどの場所に誰が店を開くかはだいたい決まっていたはずだ。空間的制約は既得権益を生む。最初は早い者勝ちだったかもしれないけれど、時間が経《た》つにつれ、誰もが自由に商売をするわけにはいかなくなる。寺院の広さは限られているのだ。

この話は文化の違いとか、洋の東西を問わず、世界中で普遍的に見られる現象だ。信長の楽市楽座が４００年以上経った今でも評価されるのは、既得権益に縛られて不自由だった商売を、誰でも参加可能にする仕組みだったからだ。

その楽市楽座だって、空間的制約からは逃れられなかった。彼の城下町には誰でも店が開けたかもしれないけれど、城下町の広さにはやっぱり限りがあるのだ。信長は人々を中世的な商業システムの束縛から解放し、市場に自由競争の原理を導入した。楽天市場はある意味でその延長線上にある。ただしその結果として現代にもたらされたのは、過去の人々には想像もつかないほどの自由だ。

僕たちが作った楽天市場は、何千年にもわたって商業を束縛してきた空間的制約から解放したのだと思っている。店舗のある場所とか、あるいは店舗の物理的な大きさは、商売の成否を左右するハンディキャップにはならなくなった。誰もがこれほど自由にビジネスができる社会は、歴史上かつて存在したことがないはずだ。

インターネットが人の生き方を変えている。

これこそが、目に見えない変革だと思う。

そういう変革は、世界中のあらゆる場所で起きている。

ある種の無血革命だからみんなあまり意識していないけれど、社会そのものが変わりつつあるのだ。自動車の発明が20世紀の人類社会を変えたように、インターネットの普及は21世紀の世界の姿を根本的に変えていくだろう。

その最初の10年間に立ち会うことができたのは、楽天にとっては極めてラッキーだった。けれど、インターネットによる社会の変革はまだ始まったばかりなのだ。

そして、ここがいちばん大切なところなのだが、その変革はまだ10分の1も表面化していないのだ。これからもっとすごいことが起きる。

たとえばこれはほんの一例だが、ブロードバンドの普及とともに、社会の変化はますます加速していくはずだ。そうなれば、今から10年後の世界は、現在とはまったく別のものになっている。

ブロードバンド環境が完備すれば、テレビ局の形態は変わらざるを得ない。インターネット経由で誰もが好きな番組をいつでも見られる時代には、視聴率を基準にした広告ビジネスはおそらく成り立たなくなるだろう。

メディアも変化すれば、商品も変化する。金融も教育も変わっていく。もしかしたら、国という概念そのものも変質するのではないかと僕は密《ひそ》かに考えている。そうなれば多国籍にまたがった巨大企業が世界全体に強力な影響力を持つという未来像も、ＳＦ小説の中だけの絵空事ではなくなるかもしれない。

もちろん、10年後の世界が現実にどういう姿をしているかは誰にも分からない。ただひとつだけ確実に言えることは、こうした大きな変化の中では、人間の価値観も大きく変わっていくだろうということだ。その変化する価値観に対応できなければ、今どんなに新しく見えるビジネスも結局は衰退していくことになる。

日々改善する意識を持ち続けなければ、この変革期を乗り切ることはできない。僕たちは今現在、まさにそういう変革期に生きている。

成功している時こそ、自分を否定する勇気を持つ

10年後の世界を想像しながらビジネス全体の戦略を立てることは、スキーをすることに似ている。

スキーに喩えれば、目的地の遠くの森を眺めてコースを決めると同時に、足元のスロープの状態は、いつも正確に把握しておかなければいけない。

日々の改善は、つまり足元を見つめることなのだ。

世の中がどんどん変わるということは、予測不能のコブやアイスバーンが次々にスロープに出現するということだ。その一つ一つを上手に乗り越えていかなければ、どんなに遠くまで見通す鋭い目を持っていても目標である森に到達することはできない。

そして同時に、遠くの景色を眺めていなければ、いくら足元のコブを上手に滑ってもやはり森に到達することはできない。

自分がどこへ向かうべきかを考えながら、日々改善を続けていく。

世界が大きく変わろうとしている時代、人間の価値観そのものが変わっていく時代だからこそ、そのバランス感覚の重要性はより高くなると思っている。

今日は楽天市場が世界でいちばん新しいサービスかもしれない。けれど現状のまま満足しているだけだったら、1カ月後にはいちばん古いサービスになっているかもしれないのだ。

世界を相手にするということは、世界のどこかにいる天才を相手にするということでもある。一歩で10段分の階段を上る天才に対抗するには、毎日1段ずつ上るしかない。

そして少しでも進んでいく、1段ずつでも上っていくためには、いつも自己を否定する勇気を持たなければならない。

自己否定というと、ネガティブな言葉のように感じるかもしれない。けれど改善していくためには、自己否定する視点が必要だ。

人には自己愛というものがある。その自己愛こそが、判断を誤らせることを常に注意していなければいけない。

仕事が上手くいっている時ほど、このことは意識して考えた方がいい。

たとえば、河原で拾った石ころを、机の上に置いてペーパーウエイトとして使っているとしよう。2年、3年も使っていれば、きっと愛情が湧いている。それが一日中、河原を歩き回って探した石ころなら愛着はさらに大きいはずだ。

石ころだってそうなのだ。自分の仕事の方法論への愛着は、おそらく自分で思っているよりもずっと大きいと考えるのが自然だ。ましてや、その方法論で仕事が上手くいっているなら、改善しようなんて気が起こるはずもない。

順調であるということは、自分のやり方が間違っていない、自分が正しいということだ。にもかかわらず、自分を否定してまで改善する必要があるのだろうか。そう思う方が自然だろう。

けれどその思い込みが、成長を阻害している可能性はないだろうか。

あの日、自分は河原で別の石を拾ったかもしれない。その別の石の方が、ペーパーウエイトとしては便利だったかもしれない。どんなに愛着があろうと、今この石が机の上にある理由の何割かは間違いなく偶然なのだ。

自分の仕事のやり方だって同じことだ。愛情や慣れがあるからそのまま続けたいと思っているだけで、本当はもっといい方法があるかもしれない。いや、はっきり言ってしまえば、どんなことにもよりいい方法はいつも必ずあるのだ。

慣れや愛情だけで仕事を進めていては、成長も進歩もない。それこそ、昨日の自分に勝てなくなる要因でもある。

『本当にその方法論が効率的なのか、それが必要なのか』いつもそのことを考え続ける姿勢が必要なのだ。

たとえば、企業には必ず会議というものがある。

日本の会社が会議に使う時間をすべて足したら、いったいどれくらいになるだろう。会社員が2000万人いるとして、1人が1日平均1時間の会議をしているとしたら、2000万人×5日×52週で52億時間だ。たとえば、会議の時間を半分にするだけで26億時間の節約ができる計算になる。

これは不可能なことだろうか。

僕はこの時間をもっと有意義に使いたいと考えた。会議の大半は要するに説明の時間なのだ。これを短縮すればいい、と考えたのだ。

そこで楽天では会議の資料を、前日の夕方5時までにすべて提出することにした。実際の会議では、前の晩に資料を読んでいるから説明の時間は必要ない。

判断するのに1分、説明に59分というのが普通の会議。楽天方式なら資料を読んだ際の不明点だけ、「ここだけちょっと説明してください」で済むから、1時間の会議が10分くらいで終わる。

そもそも会議の目的は何なのか。会議の目的は説明することではなくて、決断することだ。事前に読んでおけば説明なんていらないということで、こういうシステムになったわけだが、その結果として膨大な時間が節約できている。

時間の節約だけではない。このやり方を続けていると徐々にフォーマットが決まってくる。説明しなくてはならないポイント、ディスカッションしなくてはならないポイント、そして判断をしなくてはならないポイントは基本的にほとんど変わらない。この会議の方法に慣れるにつれて、各自がポイントを押さえた資料を用意できるようになるから、効率はどんどん良くなる。

場合によっては慎重に分析しなければいけない要素や、判断に時間を要する問題が出てくることもあるが、こういう会議のやり方をしていると、そういうこともより明確になりやすいというメリットもある。

会議を効率化すると、意思決定という会議の機能そのものも向上する。楽天に新たに加わった企業でも、この楽天方式の会議の仕組みと文化を上手く導入できたセクションは確実に業績を伸ばしている。

会議の時間を半分にするなんて、そんなに難しいことではないのだ。

日本全体などと大きく考えなくても、100人の会社なら1万3000時間の節約、10人の会社だって1300時間の節約になる。

にもかかわらず、昔ながらの非効率的な会議を延々と続けているとしたら、それは誰かが会議に意味のない愛着を抱いているということではないだろうか。あるいは効率を上げるよりも、時間をかけることに何かの意味を求めているのかもしれないけれど。

石ころへの愛着は別に問題ないが、仕事のやり方に対する意味のない愛着は捨ててしまった方がいい。

そのためにも自己否定をする勇気が必要なのだ。それは、より良い仕事をするための姿勢であって、決してネガティブな後ろ向きの姿勢ではない。

どんなに順調でも、改善できる部分はどこかにある。

今日の自分が昨日の自分に勝つために、勇気を持って自分を疑ってみよう。

会議の話だけでなく、人間の身の回りには不合理なことがいくらでもある。それが不合理であることを誰もが知っているのに、それが慣習だからとか、昔からそうしてきたからというだけの理由で、その不合理を誰も是正できないとしたら、それはある種の不条理だ。

僕はそういう不条理が昔から大嫌いだった。

中学から大学にかけて、僕はテニスに熱中していた。ある時期は将来、テニスで身を立てようと思ったこともあるくらいだ。

中学時代の実績が認められて、高校のテニス部では入学前から先輩と一緒に練習させてもらい、入学と同時にレギュラーの座を手に入れることができた。

けれど僕はその高校のテニス部を、すぐにやめてしまった。レギュラーであろうと1年生だからということで、先輩の球拾いを延々とさせられたからだ。あまりに馬鹿らしい慣習に呆《あき》れた僕は、高校のテニス部をやめて、大人と一緒に練習できるテニスクラブに通った。大学ではもちろん体育会のテニス部に入った。3年生で主将になったとき最初にやったのは、新入生に課せられていた球拾いの義務を廃止することだった。

球拾いをしたからって、テニスが上手くなるわけがない。ボールなんて自分で拾えばいい。そんな意味のないことを、新入生に延々とやらせる必要は何もない。そんな暇があったら、練習していた方がずっといいに決まっている。きわめて当たり前の考え方だと思うのだけれど、そういうことを言う人がいない。

テニスの上達につながらないことは、何もしないと言っているわけではない。テニスコートの整備や、道具の掃除など、練習以外にもやらなければならないことはたくさんある。そういうことには、それぞれやる意味があると思うし、そういうことになら僕は一所懸命に取り組む自信がある。

しかし、どう考えても球拾いに意味があるとは思えない。プロテニスプレイヤーの球拾いなら、あるいは後ろでボールを打つのを見ているだけでも、ためになるかもしれない。けれど、自分より1年や2年経験が長いというだけの先輩のテニスを見て得られるものなんて何もない。

馬鹿げた話だ。馬鹿げた話なのに、誰もそう言わないことに腹が立つ。会議の話と一緒で、何の意味もない球拾いに全国の新入生が費やす時間を足したらいったい何万時間になるのだろう。人間の生きている時間には限りがあるというのに。

世の中にはそういう不条理がたくさんある。不条理に対して怒る人が増えれば、もっと早く世の中は変わると思うのだが。

適切な目標がなければ改善しても意味はない

たとえ毎日1%の改善でも、1年続ければ37倍になる。

1・01の365乗は37・78になるからだ。これは、1人の人間の話だけれど、組織として考えればもっと大きなことが起きる。

理論的には2000人の社員がいれば、1日で1・01の2000乗の改善ができるということだから。1・01の2000乗を計算すると、答えは4億3928万6205となる。このように、乗数には驚くべきパワーがあるのだ。

もちろん、この数字そのものにはあまり意味はない。

乗数計算ができるのは、あくまでも2000人の社員がひとつの仕事に取り組んでいるという前提での話だ。

それにもし仮に２０００人がひとつの仕事に取り組んで、２０００の改善ポイントをそれぞれ１％ずつ改善したとしても、それが同じ方向の改善につながるとは限らない。

たとえばクルマを作るとして、衝突安全性の担当者が強度を１％増やすことに成功しても、その結果として燃費が２％低下するかもしれない。仕事というのは、複雑になればなるほど相反する要素が絡み合ってくるものだから、計算通りにはいかないのが現実なのだ。

つまり現実の１・０１の２０００乗は、０から４億３９２８万の間のどこかということになる。どこまでその数字を高められるかは、改善に取り組む一人一人の意識と、全体をコーディネートする人間のアイデアにかかっている。

それにしても、すごい話であることには変わりがない。それはつまり、やり方によっては、ほぼ無制限に改善の効率を高める余地があるということだから。

かつてアメリカ航空宇宙局は、それをやってのけたというわけだ。そうでなければ、わずか８年で人間を月面に着陸させるなどという、困難な目標を達成することはできなかったはずだ。

そのＮＡＳＡのプロジェクトに関わった人間が何人いたかは知らないが、乗数の答えが人類史上例をみないくらい理論値に近かったことは疑いない。

なにしろジョン・Ｆ・ケネディが人類を月に送り込むと宣言したのは１９６１年、ライト兄弟が初めて空を飛んでからわずか58年後の話なのだ。

この話にはもうひとつ、改善ということについての、大事な教訓が含まれている。

人類は飛行機を改善し続けた結果として月まで飛べる宇宙船を完成させたわけではない。人類が月に到達できたのは、月面に人類を送り込むという目標があったからなのだ。

日々改善することは極めて重要だけれど、その改善にははっきりした目標がなければならない。

そして目標を立てた以上は、絶対にその目標を達成しなければならない。

月面に最初の足跡を印すのはアメリカ人であるべきだと決めた以上、月面にアメリカ人を送り込まなければならなかったのだ。途中の宇宙空間まで行けたから、それでまあいいかということにはならない。それでは、何の意味もない。

スポーツマンはこの意味が骨身に沁《し》みて分かるはずだ。彼らは、勝つか負けるかで、その後の運命が180度変わってしまうような戦いを無数に経験している。サッカーの日本代表で言えば、ワールドカップには、出場できるかできないかのどちらかしかないのだ。

ところが、ビジネスという戦場ではこの結果が曖昧《あいまい》でよく分かりにくい。

来期は売り上げを30％伸ばす、という目標を立てたとしよう。けれども実際には27％しか達成できなかった。これがスポーツの試合なら敗北だが、実際のビジネスでは目標に3％足りなくても、さほど問題は生じない。

目標には到達できなかったけれど、とりあえず去年よりも27％売り上げが増えたんだからいいじゃないか、という話にすることもできる。業界7位の企業が、1位になるという目標を立てて活動した結果が2位だとしても、元が7位なんだから大躍進だとお祝いすることだってあるかもしれない。

英語ではそういう姿勢を「Best effort basis」と表現する。現状に満足し、ここまでやったんだからいいじゃないか、と自分自身に言い訳する人の姿勢だ。

僕はそういう姿勢を否定する。それでは、本当の意味での勝者にはなれないし、本当の意味で仕事を楽しむことはできないと思っているからだ。

「Best effort basis」では永遠に月に到達できないのだ。

これとはまったく違うモノの考え方をする人がいる。

その姿勢を「Get things done」と表現する。ありとあらゆる手段を使って、何が何でも物事を達成する人間の姿勢だ。

「Best effort basis」と「Get things done」。たとえどちらも毎日同じように努力したとしても、この2つの姿勢には天と地の開きがある。

改善はいつもある結果を目標にして、その目標を達成してこそ意味がある。

30％売り上げを伸ばすという目標は、30％売り上げを伸ばすことができて初めて意味を持つ。30％を目指して頑張ったんだからそれでいいじゃないかという姿勢の人にとって、目標は50％でも100％でも同じことだ。そういうものは、目標ですらない。

それはつまり、陸上の選手に「とにかく速く走れ」と指導するコーチのようなものだ。そのような指導をしていれば、コーチとしての存在意義を問われることになる。

100mを9・9秒で走るという目標を立てたとしよう。その目的を達成するためには、まず「何を改善すべきなのか」を徹底的に分析しなければならない。歩幅を1センチ伸ばすとか、腕の振りを5センチ大きくするとか、とにかくいくつもの改善ポイントが見つかるはずだ。

歩幅を1センチ伸ばすことに決めたとしよう。次には、そのために何をすべきかと考える。フォームを変えなければいけないかもしれないし、脚の筋肉量を5％増やさなければいけないかもしれない。そのためにはどのようなトレーニングをすべきか、食生活をどのように変えるべきか、日々具体的に何をすればいいのかが決まってくる。

そこまでやって初めてコーチが存在する意味がある。

たとえ次のレースでは目標を達成できなかったとしても、その時に悔し涙を流せるかどうか。いや涙は流さなくても、何が足りなかったかを再び徹底的に考えられるかどうかが問題なのだ。

改善すべきポイントが間違っていたのか、そのためにすべきと考えた内容に問題があったのか、あるいは日々の練習がまだ十分ではなかったのか……。

そこまで考え抜いてまた走り始める。

その繰り返しの先に、100m9・9秒という記録はあるはずなのだ。

日本人が到達していない9秒台の記録を例に出したのは、あまり適切ではなかったかもしれない。

けれど少なくともビジネスの世界に限って言えば、不可能と思える目標を達成して初めてそこにブレイクスルーが生まれる。可能だと分かり切っている目標を設定しても、あまり意味はない。

不可能な目標を可能にしてこそ、仕事の質は飛躍的に高まる。仕事の質そのものに変化が生じるのだ。

仕事の質が変われば、今まで目に入らなかったさらなる高い目標が見えてくる。

そうやって、階段を1段ずつ上るようにして人は成長していくのだ。

目標を達成するかしないかは、つまり階段を一段上がれるかどうかの違いなのだ。

何が何でも目標を達成するという姿勢がなかったがために、10階に辿《たど》り着きたかったのに結局のところ2階にすら達することができなかったというのはビジネスの世界ではよくある話なのだ。

もちろん、絶対に不可能な目標を設定してはいけない。

目標を達成する喜びが、そこには存在しないから。

成功の喜びは、仕事の大きなモチベーションになる。成功の喜びを知って初めて、人は仕事に人生をかけられるようになるのだ。

仕事に人生をかけるだなんて、つまらない人生だと言う人もいるかもしれない。

僕はそう思わない。

僕たちは結局のところ、人生の時間の大半を仕事に費やしているのだから。

自分の全存在をかけて仕事に挑めるということは、自分の人生を目一杯楽しめるということだと思う。

ケネディの偉大さは、月という絶妙の目標を掲げたところにある。

月は確かに遠かった。けれど地球から38万キロメートルの彼方に浮かぶその天体は、絶対に攻略不可能な目標というわけでもなかった。

僕たちにとっての月は何なのか。

僕はいつもそのことを考えている。

ビジネスの日常が、スポーツの華々しさや血湧き肉躍るような興奮からは、かなり遠いところにあるのは事実かもしれない。

けれど月という目標がそこにあれば、もしかしたら退屈かもしれない日々の仕事を、スリリングで挑戦する甲斐のあるものに変えてくれる。

不可能な目標を達成する喜びを知ってさえいれば、あらゆる困難が自分の越えるべきハードルに見えてくる。

腕立て伏せや腹筋までして、わざわざ汗をかいて営業先を回りながら、僕はいつも僕の月を見つめていたのだ。

だからこそ1カ月に5店舗しか契約を結べなくても、インターネットのショッピングモールというアイデアにしがみつくことができた。不安が頭をよぎることがまったくなかったといえば嘘になるけれど、そんなことより自分の見込みは的中するはずだというワクワク感の方が大きかった。僕は、何が何でもその目標を達成することに夢中だったのだ。

楽天の出店数が１００店舗に達したのは創業から約1年後だった。不思議なことにと言うべきか、それとも当然のことと胸を張るべきか、その頃を境にしたように出店者数が急激に増加し始める。２年目の98年末には３２０店舗、さらに99年末には出店数が１８００店舗に達していた。

出店者の増加率が直線から二次曲線に変化したのだ。

この時代の楽天市場への出店料は、月額５万円の固定費だった。

出店者の数がある限度を超えたら、出店料を見直さなければならなくなることは最初から予想していたと前に書いた。

実際にその通りのことが起きたのだ。

しかも、予想していたよりずっと早く。

楽天市場開設からわずか5年後の２００2年、僕たちは料金体系の見直しに踏み切らざるを得なかった。月額固定の出店料に加えて、売上金額に応じて数パーセントの手数料をいただく従量制に切り替えたのだ。

当たり前のことだが、出店者の方々からは不満の声が上がった。

それに対しては、僕たち自身が全国の出店者を回って、粘り強く説得するしかなかった。

出店者の方々にとっては毎月の費用が増えることになるけれど、楽天市場は今どうしても料金体系の見直しをする必要がある。これは楽天市場の将来のためでもあるが、最終的には出店者それぞれの利益に必ずつながる。楽天市場がさらに発展することは、僕たちだけでなく出店者みなさんのためでもある、と。

身勝手な言い分とは思っていない。僕は心からそう信じていた。

そういうやり方は、いかにも泥臭いと言われそうだ。

けれど、僕はそれでいいと思っている。

楽天は改善モデルなのだ。

僕たちは日々改善を続ける。

その改善の先に、僕たちの月が輝いている。

世界一のインターネット企業という名前の月が。

第２のコンセプト

『Professionalism の徹底』

本当のプロフェッショナルになる

僕の定義するプロフェッショナルは、一般的な意味と微妙な違いがある。

アマチュアの中にもプロフェッショナルはいるし、プロの中にもプロフェッショナルでない人はいくらでもいる。

それでお金を稼いでいるかどうかよりも、それにどれだけ自分の心血を注ぎ込んでいるかでプロフェッショナルかどうかが決まると僕は思っている。

すべてのビジネスマンはプロフェッショナルを目指すべきだ。

それはビジネスで成功するための秘密であり、そしてまた仕事を楽しみに変えるための秘訣でもある。

仕事を人生最大の遊びにできれば、誰でも有能なビジネスマンになれる

最初に極論を言おう。

ビジネスで成功するかどうかの鍵は、結局のところ、仕事を人生最大の遊びにできるかどうかだ。

遊びという言葉の定義について、議論の余地はあるとしても。

ホモ・ルーデンス。人間は遊ぶ動物なのだ。

手を使い言葉を操ることが、我々の遠い祖先の脳を発達させ、人類という種へと進化したという説がある。ではその手や言葉を操って人間は何をしたか。

遊んだのだと思う。

ほとんどの動物は生きている時間の大半を、食物を得ることに費やす。我々の祖

先もそうだった。狩りをしたり、食べられる植物を探したりする行動そのものには、他の動物と大きな違いはなかったはずだ。ただ狩ったり探したりしている時の脳の状態が決定的に違っていたはずだ。

人間以外の動物の行動様式は、基本的には何千年経ってもほとんど変わらない。1000年前のライオンは、現代のライオンとほぼ同じように獲物を狩っていたはずだ。

けれど人間は1000年どころか、今日と明日で狩りの方法がまったく違うことだってあり得る。たとえ、同じ場所で、同じ獲物を狩るとしても。

それは人間の脳が、工夫をすることに喜びを感じるからだ。

あの高い樹の上に鳥の巣があって、そこに美味《おい》しい卵がある、としよう。ところがどうしてもそこまで登ることができない。同じ卵を見つけた蛇《へび》も、何回かは挑戦するかもしれない。けれど、翌日もまた挑戦しようとするのは人間くらいのものだろう。

登れるところまで登ってみよう。そこから棒きれを伸ばせばどうか。あるいは木の枝を揺すって下に落とすのはどうか。落下した卵を保護するために、樹の下には柔らかい草をたくさん敷いておくべきか……。

様々な試行錯誤を繰り返し、その卵を手に入れた時、人間は卵の美味しさだけでは説明のつかない大きな喜びを感じる。それを人間は笑いや歓声で表現してきたのだろう。

それが、人間と他の動物の最大の違いだ。その巣に達するまでにどんな苦労があったとしても、蛇はただ卵を飲み込むだけだ。

大脳生理学的に説明するなら、目標を達成させた時、人間の脳内では大量のドーパミンが分泌されている。困難な問題に立ち向かってそれを解決した時、人間の脳は自らの体が生み出した喜びの物質に満たされる。

その純粋な喜び、恍惚《こうこつ》感とでも表現すべきものは、時として獲物そのものよりも人間にとって狩りの重要なモチベーションになったはずだ。

人間が様々な狩りの手法を発達させたのも、火の使い方を学んできたのも、驚くほど多様な道具を発明したのも、世界中で独自の文化を発達させることができたのも、こういう脳の性質があったからこそだと思う。

生きるためにするという意味では同じでも、それは他の動物の生存のための行動とは明らかに違う。

これこそが、人間は遊ぶ動物だという、本当の意味だと僕は思う。

人間は遊んでいる時、最大の創造力を発揮する動物なのだ。

仕事を人生最大の遊びにできれば、人は誰でも有能なビジネスマンになれる。

プロフェッショナルとは、つまりそういう人間のことだと定義したい。


一般的にプロフェッショナルとは、素人《しろうと》のかなわない特殊な技術を持つ人ということになるのだろうか。だが、少なくとも僕の中では、それだけではプロフェッショナルと呼ぶには足りない。

僕が捉《とら》えているプロフェッショナルとは、1日24時間、1年365日、どこにいて何をしていても仕事のことを考えている人のことだ。

1日24時間、1年365日、どこにいて何をしていても——そんなこと、他人がどんなに強制してもできることではない。本人にその気がなければ、仕事をしている最中でさえ別のことを考えているのが人間なのだ。

仕事中毒という言葉がある。あまり良い言葉ではないけれど、ドーパミンのことを考えれば当たらずといえども遠からずかもしれない。

どんな時でも仕事のことが頭から離れないのは、問題解決の喜びや成功の喜びが、カラダに染みこんでいるからだ。

これは仕事に限ったことではないだろうが、問題や壁というのは面白いもので、解決すれば必ずさらなる難問が出現する。そしてそれを解決した時にはさらなる歓喜が待っている。

もちろん楽しいことばかりではない。悔しい思いもすれば、辛《つら》いことも経験するだろう。

けれどそういうこともすべてひっくるめて、次々に出現するハードルをクリアする経験をしていくと、世の中にそれ以上に面白いことはないんじゃないかと思うようにすらなっていく。

実際に僕は、人生にこれ以上の楽しみはないと思っている。

仕事は誰のためでもなく、自分のためにするものだ

僕は楽天を創業する前は、今はなくなってしまった日本興業銀行に勤めていた。そこを辞めてから起業することになるのだが、興銀を退職した当時、始める事業の選択肢はインターネットのショッピングモールだけではなかった。

様々な事業プランを考え出し、検討を続けた結果、最後に残った選択肢は3つあった。もちろんひとつはインターネットのショッピングモールだったのだが、後の2つは地ビールレストランの全国展開と、アメリカで見つけた天然酵母ベーカリーのフランチャイズを日本へ誘致する事業だった。

最終的にインターネットのショッピングモールをやろうと決めた結果として、現在の楽天市場がある。事業内容をインターネットに決めた理由はもちろんいくつか

ある。極めて個人的な理由を言えば、インターネットであれば僕自身が飽きないだろう、ということだった。

僕は自分の欠点も限界もよく知っている。

僕は、目標さえあれば他のすべてを投げ捨ててでも突き進むことができる。窮地に陥れば陥るほど、俄然やる気が湧いてくる。けれど、これが最大の欠点なのだが、仕事が軌道に乗ってしまったらすぐに興味を失いかねない。義務感だけでは仕事に集中できない。きわめて飽きっぽい。そういう意味では、かなりの無責任と言えるだろう。平和な時には役に立たない、乱世でしか力を発揮しないタイプなのだ。

そんな僕が起業してまでやることは何かを考え続けた結果、導き出した結論はこうだった。

インターネットの分野なら今後どこまでも可能性が広がる。事業の内容もどんどん広げていくことができるだろう。そしてその競争は熾烈を極めるはずだ。だからこそインターネット・ビジネスなら、こういう僕でもいつまでも飽きずに取り組めるはずだ、と考えたのだ。

予想通りこのビジネスには飽きることがない。心の底から、よくもこんなに面白い世界に飛び込むことができたとさえ思っている。こんな仕事が他にあるだろうか、と。

もっとも、それが独りよがりであることも分かっているつもりだ。

どうしても仕事が面白いなどと思えない人もいるかもしれない。上手い言葉がなかなか見つからないのだが、仕事とか労働という言葉が適切ではないのだろう。仕事や労働という言葉には、どこか義務のニュアンスがある。生活のためや、お金のためにする何か辛いことでもあるかのような……。「仕事なんだから文句を言わずにやれ」とか「仕事が辛いのは当たり前」などというセリフもあったりする。

けれど、それはプロフェッショナルの態度ではない。

名人と呼ばれる、ある漁師さんの話を聞いたことがある。

彼は都会から来た記者に、しみじみとこう言ったそうだ。

「いやあ、漁ほど面白いものはないぞ。世の中の人はどうしてみんな漁師にならないんだろう。俺にはそれが不思議でならないんだ」

それがプロフェッショナルというものだろう。

イチロー選手にとって野球が仕事でないように、彼にとっても漁は仕事ですらないのではないかと思う。

イチロー選手は野球をそういう意味での仕事とは考えていないだろう。確かにそれで収入を得て、自分や家族を養っているという意味では〝仕事〟かもしれない。けれど彼がバットを振るモチベーションは、それが〝仕事〟だからではないはずだ。もっと根元的に、「野球が好きだから」「もっと野球が上手くなりたいから」という楽しみがあると思う。

その漁師さんが釣りの仕掛けを考えている時、きっとそれが〝仕事〟ではないように。

そして彼らはおそらく、コーヒーを飲んでいる時も、テレビを見ていても、頭のどこかで野球のことや漁のことを考えている。スプーンをかき回しながら、新しいバッティングのアイデアを思いつくこともあるかもしれない。漫才を見て笑いながら、魚はなぜ疑似餌《ぎじえ》に食いつくのかをふと考えるかもしれない。

彼らは、生きていることのすべてが、野球や漁と結びついているのだ。

もちろん本人に聞いたわけではないので、そうだと思うのは、僕自身がそうだからだ。

僕は少し前に、1泊2日という日程でバルセロナに出かけた。夜中に東京を発《た》って、昼過ぎに向こうに着き、その晩だけ泊まって、翌日の昼過ぎには帰路に就くという強行スケジュールだ。主な目的はサッカーのFCバルセロナの試合を見ること。楽天のビジネスと直接関係ない、という意味ではある種の遊び。人から見れば、ただの観光旅行と言えなくもない。

けれど、スケジュールは隙間なく埋まっていた。バルセロナのエル・プラット空港に着いたのは予定よりも3時間遅れの夕方近い時間だったのだけれど、FCバルセロナのバイス・チェアマン、マーク・イングラは他の重役と一緒に昼食を食べずに待っていてくれた。もちろんスペイン人のビジネス・ランチだ。15分で牛丼をかき込むというわけにはいかない。マークが予約してくれた市内の五つ星ホテルで、ヨーロッパやアメリカのビジネス界の噂話や、インターネットの将来についての話をしながらゆっくり昼食を終えた時には夕方の5時を過ぎていた。それから彼らがユースチームのために建設した近未来的で巨大な練習施設（太陽エネルギーを利用していた）を見学し、休む間もなくカンプ・ノウへ。このFCバルセロナのホーム・スタジアムは、スペインワールドカップの開会式でも使用されたサッカー専用としては世界最大のスタジアム、収容人員9万8600人というだけあってさすがに巨大だった。その会長室では、ジョアン・ラポルタ会長が待っていた。なにしろその晩の試合相手はFCリバプール。チャンピオンズリーグの重要な一戦だから、ほんの挨拶だけのつもりだったのだけれど、またしてもそこで話し込んでしまった。

試合が終わって（残念ながらFCバルセロナがホームでまさかの敗退をした）ホテルに戻った時には夜中を過ぎていた。前日の夜中に東京を発ってから、ここまで約30時間、飛行機の中では仕事の話をしていてほとんど眠っていなかったから横になりたいところだったけれど、残念ながら日本はすでに朝になっていて、しかもその日はどうしても外せない会議が予定されていた。気力を振り絞って、スペイン時間の午前2時から5時まで東京とインターネットのテレビ電話経由でその会議に出席。それからちょっとだけ眠って、スペイン滞在の最後の1時間でバルセロナ観光をすることにした。さすがに起き抜けは眠かったけれど、例のサグラダファミリアを首が痛くなるほど見上げて、市場に辿り着く頃には目がすっかり醒《さ》めていた。

バルセロナの市場は、モノと人で溢《あふ》れていた。大量の肉や魚介類をびっしり並べたディスプレイは目を見張るほど美しい。売られている食品のバラエティさにも驚くほどだ。卵だけの専門店まであったりして、スペインの人も卵の鮮度や種類にこだわるんだなあなどと感心したり、そういえばスペイン名物の美味しい卵焼きがあったなあと考えたり……。

他愛もない観光見物だ。

同行してくれた仕事仲間はかなりヘトヘトだったらしいけれど、僕はちっとも疲れなかった。見るもの聞くものが、興味深かったからだ。

外国旅行が初めての子供なら、きっと誰でもそのくらいの元気は発揮するだろう。四十男の僕がそれで元気になれたのは、やっぱり何を見ても自分の仕事に結びついてしまうからだと思う。

見慣れぬ外国の文化は、誰にとってもインスピレーションの源になり得るのだ。たとえば、「楽天市場を世界展開させるなら、まずはアメリカよりもやっぱりヨーロッパが先だな」とか「あの市場のディスプレイの方法を楽天のホームページのデザインに生かせないかな」とか……。

もちろんそれはただのインスピレーションで、大概はシャボン玉のように湧いては消えていく。現実のビジネスとしてカタチになるのは、ごく一部でしかない。それでも、次から次に湧くインスピレーションは何より人を元気にしてくれる。そしてインスピレーションが湧くのは、僕の頭が仕事でいっぱいになっているからだと思う。

子供は本気で遊んでいる時、疲れを知らない。放っておけば、体力が尽きてぶっ倒れる限界まで、ずっと遊び続ける。ガシャーンとか、ドカーンとか、何を言っているか分からないけれど始終ぶつぶつ呟《つぶや》きながら。

あれもきっと、かなりインスピレーションが湧いているんじゃないかと思う。子供の脳の中でもドーパミンが大放出されているのだ。

話がとりとめもなくなってしまったけれど、プロフェッショナルになるべきだと僕が言うのは、そういう風に生きようということなのだ。

仕事中毒と言われようがなんと言われようが、それがいちばん楽しい生き方だと僕は知っている。

もちろん、趣味に生きる人や、子育てのために会社を辞める人を否定するつもりはない。

宗教に人生の喜びを見つける人もいると思うし、マザー・テレサのように他者への奉仕に一生を捧げる人もいるだろう。

仕事以外にも、人生の喜びはいくらだってある。

けれど、少なくとも仕事をする以上は、そこまでやらなければ楽しくはならない。

人は誰のためでもなく、自分の喜びのために仕事をすべきだ。

仕事というのはそういうものであるべきだと僕は思っている。

小さな手漕《てこ》ぎボートでも、
僕は自分で作った船で
新しい潮流に乗り出したかった

興銀を辞めた僕は、友人と2人で会社を作った。

楽天市場をスタートする2年前のことだ。当面の収入は、興銀時代に身につけた能力とコネクションを使って、M&A関係のコンサルティング業務で得ていたけれど、僕の目標は起業だった。

起業を明確に意識したのは、やはりアメリカでの経験が大きかった。興銀に入行して3年目、26歳の時に僕はハーバード大学のビジネススクールに留学した。MBAを取得するためだ。

けれど、僕にとってこの留学のいちばんの収穫は、MBAを取得したことより起業精神に触れたことだ。

ハーバードビジネススクールといえば、将来の世界経済を背負う卵の孵化《ふか》場みたいな大学だ。そこでは会社のサイズが重要なのではなく、自分自身がどれほどの付加価値を生み出しているのかが最も重要という価値観だった。

アメリカという国がそういった価値観を持った国だということもある。たとえ規模は小さくても自ら事を興す人、自ら動く人をみんなが尊敬する。大統領から街のおじさんおばさんまで、自分の才覚で新しいビジネスを起こす人間を高く評価する。官庁や大企業という大きな組織に所属することは、必ずしも人生の成功とは見なされない。いわゆる日本的な価値観とは正反対だ。

それはとても新鮮な発見だった。そして現在の世界の潮流が、アメリカ人だけでなく国民性の違いを超えて、起業を重要視するようになっていることを、僕はハーバード大学で思い知らされたのだ。

これからの世界を動かすのは既存の大企業ではない。新しく生まれた事業や、新しい産業が世の中を動かそうとしているのだ。

たとえ小さな手漕ぎボートでも、自分で作った船で、僕はこの新しい潮流に乗り出したかった。どんな業種でも、どんなに規模が小さくても、とにかく起業しようと思ったのだ。

企業のコンサルティングをしながら起業の準備をしていたちょうどその頃、慶應大学の大学院生が就職活動の一環として僕を訪ねてきた。

彼は熱烈に興銀に入ることを志望していた。数多くのOBを訪問して仕事内容を研究していた彼は、興銀で出会った先輩に「興銀を辞めた人間の話も聞いた方がいい」と勧められて、僕のところへやって来たのだ。興銀にも面白い人物がいたものだ。もしかしたら彼の熱意を感じて、本気で彼の将来について考えてくれたのかもしれない。第一勧業銀行、富士銀行との合併で、興銀の名前が消えるのはそれから4年後のことだ。

その本城慎之介という名の若者は、今時珍しいくらい熱意のある青年だった。なぜ興銀に入りたいのかと僕が聞くと、彼はこう答えた。

「興銀に入って、新しい企業や産業を興す手助けがしたいんです」

高杉良さんの『小説 日本興業銀行』を読んで、興銀に憧れたのだと言う。彼が熱く語ったように、興銀はそもそも日本の産業を興し、活性化させることを目的に設立された銀行だった。けれど残念なことに、すでにその役割を終えようとしていた。

僕は本城に言った。

「銀行とか商社とか大企業が日本を変えたり、社会を作っていくという時代はもう終わったよ。これからはむしろ個人や中小企業が、既成事実を積み重ねて新しい社会を作り、日本を変えていくんだ」

僕のその一言で、本城は就職活動を終わりにした。どんな仕事でもするから、僕の会社で働かせてくれと言いだしたのだ。

これは後で聞いたことだけれど、本城は「既成事実が世の中を変える」という言葉に動かされたのだそうだ。それは彼自身の実感でもあったのだ。

本城はその年の1月くらいから、就職活動の日記をインターネットの自分のホームページに書き続けていた。Windows 95が発売された翌年、もちろんブログなど存在しない時代のことだから、彼のホームページはかなり話題になったようだ。全国の就職活動中の学生からメールが送られ、本城はそれをベースにメーリングリストを作った。そして次第に、学生が就職活動に関する意見を交換するコミュニティがそこに生まれていったのだ。

スーツは三つボタンじゃいけないのか、靴の色は茶色がいいのか、どこの会社の面接は1対6だとか、傍《はた》から見たら些《さ》細《さい》な話題かもしれないが、就職活動中の学生たちにとっては切実な問題だ。そういう問題について全国の学生が直接情報交換する場を、本城は日本で初めて作ったことになる。個人の情報発信力を飛躍的に高めるというインターネットの潜在力を、彼はすでにその当時から活用していたというわけだ。

そうして作り上げていった本城のホームページは、新聞や雑誌でも紹介されるほど話題になった。彼には自分の思いつきで始めたことが、就職活動のカタチを変えたという経験があった。

「既成事実が世の中を変える」という僕の話は、彼の実感でもあったのだ。

それにしても彼は〝このおっさんの言ってることは正しい〟という思いだけで、長く抱いてきた興銀への就職という夢をすっぱり断ち切り、従業員たった2名の僕の会社で働くと言ってくれたのだ。若者の思い切りは素晴らしいと思う。

僕はパソコンを使ってその場で本城の名刺を作った。

本城は就職活動をやめ、翌日から僕たちと一緒に働き始めた。

こうして2人の会社が、3人の会社になった。

インターネットのショッピングモール開設という目標に向けて、僕たちが本気で走り始めたのはその年の秋のことだ。

ショッピングモールのオープンを翌年の春に予定していたから、僕たちに与えられた時間は約半年しかなかった。

一緒に会社を立ち上げた友人は、その頃すでに去っていた。

僕と本城という、従業員2名の会社に、逆戻りしたのだ。

僕たちは、2人で何もかもやらなければいけなかった。

最初に取り組んだのは、ショッピングモールに参加する個々の店舗のホームページを作成するツールの開発だ。

アメリカではIBMのショッピングモールが業績不調で閉鎖されるという時期のことだ。前述したように、日本にあった既存のインターネット・ショッピングモールもほとんど開店休業のような状態だった。

ホームページを覗けば、バレンタインの時期にまだ前年のクリスマス広告が出ていたりする。それでは誰も見向きもしない。


ホームページが何カ月も更新されないのは、更新するのにお金がかかるからだ。

当時は専門のデザイン会社などに発注して、ホームページを作るのが普通だった。ホームページに掲載されている商品ひとつ変えるのにも、その都度デザイン会社に変更を依頼しなければならなかったのだ。手間もかかるし、費用も発生する。新鮮な情報が届けられないから、モノは売れない。売れなければ、ページの更新も遅れる。そうなるとモノはさらに売れなくなる……。まさに悪循環が生まれていたのが当時のショッピングモールの現状だった。

これが現実の店舗だとしたら、店員が自分の店の棚に飾られている商品を、直接は触《さわ》れないということだ。マネキン人形に着せた秋物のコートを春物のワンピースに着せ替えるにも時間とお金がかかる。そんな不自由な店で商売をしようなんて考える人がいるわけがない。

ここに当時のインターネットのショッピングモールが抱えていた最大の問題点があった。

少なくともショーウィンドウに飾る商品を店員が自由自在に変えられるシステムを開発しなければ、成功はありえない。

この問題点を打破することが、僕たちのショッピングモールが成功するための、まず最初の改善点だった。

そのためには、出店者が自分たちでホームページを作れるツールを開発しなければならなかった。しかもそのツールは、コンピュータに触ったことがない人でも、その日のうちに使えるほどに簡単でなければならない、と僕は考えていた。

たとえば現在のブログは、自分のページを開いて文字を打ち込んだり写真を載せるだけで、それがそのままインターネット上に公開される。ホームページを作るにはそのためのアプリケーションをコンピュータにインストールしなければならないが、ブログにはその必要がない。アプリケーションはサーバーのコンピュータ内に存在していて、ユーザーはそれをネット経由で利用する仕組みになっているからだ。ユーザーの書いた文章もすべてユーザーのコンピュータではなく、すべてサーバー側に保存されている。

アプリケーションをCD-ROMに書き込んで配ったりする必要も、インターネットからダウンロードする必要もない。インターネットに接続できる環境さえあれば、誰でも簡単に使えるのだ。アプリケーションに何か変更を加える場合もサーバー側だけで対処できるので、細かな改善が日々行えるという長所もある。

現在ではこれをASP、すなわちアプリケーション・サービス・プロバイダーと呼んでいる。かなり普及するようになったので、読者もおそらく使っているはずだ。けれど当時はまだそういう言葉すら存在していない（リモート・オーサリング・ツールと呼ばれていた）。

世の中に存在しないのなら、自分たちで作るしかなかった。

自分たちで自分たちの望んでいるツールを作成することを決めた僕たちは、正直に言ってしまえば、最初はそのツール開発を外注した。コンピュータに詳しい大学院生に、100万円の前金と開発に必要なパソコン数台を渡して開発を依頼したのだ。

しばらくして出来上がってきたものは、残念ながら、とても僕の満足できるものではなかった。

望むツールができないからといって諦めるわけにはいかない。

「僕たちの楽天市場を動かすエンジンは、やっぱり自分たちで作るべきだ」

僕がそう言ったら、本城が目を白黒させた。〝自分たち〟といっても、ここには2人しかいない。そして僕よりは、はるかに本城の方がコンピュータに詳しい。自分たちでやろうということは、本城がやるということだったのだ。

僕は本屋で『はじめてのSQL』という本を買ってきて、本城に渡した。SQLというのは、そのデータベースを作るためのコンピュータ言語のことだ。

「これを読めばできるよ、きっと」

無茶な話なのは分かっている。英文法の本を買ってきて、英語の小説を書けと言っているようなものだ。

さすがにそれだけではあまりにも本城の負担が大きくなりそうだから、ＳＱＬの家庭教師をつけることにした。１日10万円で７日間のコース。

「70万円で会社の命運を左右するエンジンを作れって言うんですか？」

本城は呆れていたけれど、僕はなんとかなると思っていた。

実際、なんとかなるものだ。１９９６年秋からスタートして、翌97年の４月に僕たちは楽天市場をプレオープンさせる。途中で優秀なプログラマーが手伝ってくれたりもしたが、本城は実質的にほぼ１人で楽天市場のエンジンを完成させたのだ。

なぜ楽天はプロフェッショナル集団を目指すのか

プロフェッショナルになれなどと言いながら、創業当時に僕がやってきたことはアマチュアじゃないかと言われても仕方がない。

なにしろ会社の運命を左右する大事なエンジンを、自分たちで作ったのだから。営業マンとしてもプログラマーとしても、僕たちは要するに素人だったわけだ。だけど、僕はそれでいいと思っていた。専門的な技術の有り無しが、プロフェッショナルか否かを決めるわけではないのだ。

プロフェッショナルに不可欠なのは、技術よりもむしろ成功体験だ。困難な目標に立ち向かい、その目標を達成した喜びが、人を本当の意味でのプロフェッショナルにするのだと思う。

興銀を退職して設立した僕の会社の資本金は２０００万円だった。自己資金にはまだ余裕があったし、資本参加を申し出てくれる人もいた。実を言えば、はるかに大きな会社を作ることも可能だった。最初から人材をたくさん集め、もっと大々的にビジネスを展開するという選択肢もあったのだ。

僕がそうした選択をしなかったのは、会社の文化を自分たちの力で創り出したかったからだ。そのためにあえて自分たちで営業し、あえて自分たちでプログラムを開発する道を選んだ、とも言える。このプロセスを自分たちで乗り越えることができれば、その経験がそのまま会社の財産になると僕は信じていたのだ。

どんなことも人まかせにせず、自分でやるのが好きという僕自身の性分ももちろんある。

お金を使ってたくさんの人を集め、楽天市場を一気にブレイクさせるというやり方も可能だったかもしれない。

それはアプローチの問題だから、そういうやり方をする人を否定するつもりはない。だけど、そんなに世の中は甘くないはずだ。

時代のギャップや、マーケットのギャップを上手く利用すれば、一時的に儲けることは可能かもしれないが、それだけでは長続きするはずがない。なぜなら、そのような方法では人材が育たないからだ。

楽天市場のオープンに向けて、社員の数は少しずつ増えていった。それでも4月のプレオープンの頃でたった6名だった。

小さな会社からスタートして、あらゆることを自分たちでやりながら、会社は少しずつ大きくなっていった。

僕たちの目の前には、いつも登るべき山があった。それも、自分たちの能力では登り切るのが不可能に思える高い山が。

リーダーの役割は、そういう山をいつも見つけることだと思う。

「あんな山、登れないですよ」

誰かが弱音を吐く。

「大丈夫だよ、俺たちなら登れる」

そう言って、一緒に山を登るのだ。

そして登り切った瞬間には、次なる高い頂を指さして、「今度はあの山を目指そう」と宣言する。

たとえ近所の名もない山から登り始めても、絶対に立ち止まらずにこれを続けていけば、いつかきっと世界最高峰を目指せるようになる。

不可能に見えた山を登り切った喜びと自信が、会社の文化になる。

そして、不可能を克服する喜びを知っている人に、プロフェッショナルの話をする必要はない。それは山登りの楽しさを知っている人に、山登りを勧めるのと同じこと。

その人はすでにプロフェッショナルなのだ。

会社の文化を作るというのは、そういう人間の集団を作るということだ。

創業10年で会社の文化だなんて、気が早いと言われるかもしれない。

けれど三つ子の魂百までと言うではないか。鉄は熱いうちに打たなきゃいけない。創業期にこそ、企業のＤＮＡが形成されるのだと僕は思う。

まるでクラブ活動みたいだと揶揄《やゆ》されようが、数人の仲間と一緒に目の前に立ち塞がった巨大な山を乗り越えるべく、必死で走り続けたからこそ楽天の今があるのだと僕は思っている。

現在の楽天はアメリカ支社も含めて、グループ全体で約３３００人の社員を抱える大所帯になった。その全員にプロフェッショナルになってもらいたいと考えている。

約３３００人の人間が1人残らず全力で走り始めた時、どんな巨大な目標も乗り越えられる。そうなった時に初めて、真に偉大なことを成し遂げられると僕は信じているのだ。

面白い仕事はない。
仕事を面白くする人間がいるのだ

本当の意味でのプロフェッショナルになるには、遠くの目標を見つめる視力に加え、現実を処理する能力も必要だ。極端な話、24時間いつも仕事のことを考えていても、何もしなければ夢想家と何ら変わらない。

重いリュックを背負い、次の一歩を踏み出すのは苦しいかもしれない。けれどその一歩を踏み出さなければ、永遠に山頂に達することはできない。

世界中の誰も到達したことのない高みを目指す登山家が何をしているかと言ったら、一歩一歩足を前に進めているだけなのだ。

楽天ではオフィスの掃除を自分たちで行うことにしている。これは創業当時から続いているもので、現在でも変わっていない。オフィスの掃除を自分たちでするのは、足元の現実を忘れないためでもある。

大きな目標を掲げるのはとても大切なことだけれど、それだけに心を奪われていると、人間はどうしても目先の小さな仕事を軽視してしまう。一方では外国の企業を何百億円で買収するという仕事に取り組みながら、一方では掃除をする時には椅子の脚もきちんと磨くことを忘れない。それが僕の理想とするプロフェッショナルの姿なのだ。


仕事はいつも血湧き肉躍るスリリングなものとは限らない。

毎日毎日、退屈な仕事をしなければならないこともある。

それを会社や上司のせいにして、手を抜いたり、いい加減な仕事をしてしまったら、自分が損をするだけだ。

上司の目を盗んで仕事を上手くサボったら、得した気分になるかもしれない。働かずに給料を貰えるなら、こんないい話はないなんて言う人もいる。

だが、その意識は間違っている。限りある自分の時間をドブに捨てるということだからだ。

何カ月か何年か分からないけれど、日々のルーティンに流されて生きるということは、何カ月も何年も自分の可能性を埋もれさせたまま生きるということなのだ。そのまま一生を過ごしたいと言うなら、それでもいい。とても冷たい言い方だけれど、そういう風に生きている人は決して少数派というわけではないだろう。けれど、もしそれが嫌なら、やり方はいくらでもある。

だいたい世の中にある仕事で、初めから面白い仕事なんてそうあるものではない。ならば、なかなか巡り会えない面白い仕事を探すより、目の前の仕事を面白くする方がずっと効率がいいはずだ。

大学を卒業して日本興業銀行に就職した僕は、外国為替部に配属された。もう存在しない銀行の話だからはっきり書いてしまうけれど、その部署は同期の誰も行きたがらないところだった。仕事の大半は単なるペーパーワーク、来る日も来る日も書類にハンコを押し続けるような、ルーティンジョブの典型のような部署だ。

だけど僕は一瞬たりとも面白くないとは思わなかった。

古い話だけれど、『日本一のホラ吹き男』という映画を観たことがあるだろうか。クレージーキャッツが出演して、一世を風靡した高度経済成長期の映画だ。

主役を演じる植木等さんはサラリーマンで、ある会社の資料室のような部署に配属される。そこは、定年退職を目前にしたいわゆる窓際族社員が、碁を打って一日を過ごしているような部署だ。書棚は古い書類で埋め尽くされ、誰も手をつけないまま放置されている。

その部署に配属された植木さん演じる主人公は、その日から大張り切りで山積みの書類に立ち向かう。先輩社員はもちろんみんな定時で退社するのだが、彼ひとり毎日夜中まで残業し、山のような書類をどんどん処理していく。ついにすべての書類が片づいてしまい、することがなくなった植木さんは他の部署に配属されるというストーリーだった。

ねじり鉢巻きをして書類仕事をする植木さんは、やたらとテンションが高くて楽しそうで、何度観てもそのシーンは笑ってしまう。なんだか観ているこっちまでがあの仕事をやってみたいと思ってしまうほどだ。この映画を作った人は仕事の秘密……というか、人間の秘密がよく分かっていると思う。

要するにどういう気持ちでそれに取り組むかの問題だ。

仕事を面白くするのは、仕事の内容そのものより仕事の目的なのだ。

東京の環状八号線をクルマで100周しなさいと言われたら辛いかもしれない。けれどそれがもしレースだったとしたら、話は違ってくるだろう。

どんな仕事であれ、目的を見つけることはできるはずだ。そして、どんな仕事であれ、目的意識さえあれば、それを楽しむことができるのだ。

まず第一に、その仕事を一所懸命にやってみることだ。廊下の雑巾掛けも、その気でやれば楽しくなるのだ。もっと上手に拭くにはどうしたらいいかを考え、工夫するのもいいかもしれない。あるいは足腰を鍛えるために廊下を往復するスピードをどこまで速くできるかチャレンジしてもいい。

書類仕事だって、それは同じことだ。

僕が配属された外国為替部は若い社員が多かったから、仕事のやり方や事務処理の方法を、その気さえあれば入社して間もない僕でもどんどん変えていくことができた。

僕は、どうすればもっと効率よく、かつ間違いなく処理ができるようにできるかをいつも考えていた。それは一緒に働いている事務の女性たちがもっとやりがいを感じる職場にするにはどうしたらいいか、どうすればみんながもっと楽しく働ける職場になるかを考えることでもあった。

決して綺麗事《きれいごと》ではなく、誰かのためになるという思いがあれば、無味乾燥な仕事でも人は楽しくやれるのだ。一所懸命に取り組めば取り組むほど、職場の仲間はみんな笑顔になっていくのだから。

その部署に配属されたおかげで、書類のオペレーションが事業にとっていかに重要かを学ぶことができた。その知識は、後に僕が起業する上で強力な武器にもなったのだ。

もし僕が義務感だけで仕事をしていたら、とてもそういう風にはならなかっただろう。ということは、楽天も存在していないということだ。

面白い仕事があるわけではない。

仕事を面白くする人間がいるだけなのだ。

廊下の雑巾掛けにも喜びを見いだせる人が、僕は真のプロフェッショナルだと思う。

第3のコンセプト

『仮説→実行→検証→仕組化』

あらゆる分野で応用できる問題解決法

ビジネスは試験と違って、問題に対する正解は用意されていない。問題が生じる。その解決法を考える。その解決法が正しいか間違っているかは、実際にそれを適用して初めて判断できる。

ただし、ビジネス全体に関わる問題の場合には、思いついた解決法をそのまま適用するわけにはいかない。そこでまず仮説に基づいて、小さな実験をする。その結果を検証して、ビジネス全体に適用できるかどうかを判断するわけだ。

この仮説↓実行↓検証↓仕組化という4つのプロセスは、ビジネスに限らず、教育やスポーツの現場などあらゆる分野で応用できる。

極めて有効な問題解決法なのだ。

コミュニケーションの潜在的な欲求が、楽天の急成長の秘密でもある

仮説を立て、その仮説を実行し、結果を検証する。

そう書くと難しいことのように思えるかもしれない。ただこれは砂場で遊んでいた子供の頃から、誰もがやってきたことだ。

砂で山を作る。誰かが水飲み場から水をすくって砂山にかけた。川ができた。面白いからみんなでそれをやる。そのうち飽きる。じゃあ今度は水をバケツでくんでかけたらどうなるだろう。砂山が崩れた。よし、もっと大きな砂山を作ろう……。

小さな子供の遊びを眺めていると、ほとんどがそういうことの繰り返しであることに気づく。仮説・実行・検証は、人間の本能ではないかとすら思えてくる。

我々の遠い祖先にしても、ずっとそういうことを繰り返しながら、文化や文明を

築き上げてきたわけだ。

仮説・実行・検証は、未知の問題に直面した時の人間の基本的な行動パターンなのだ。

もっとも人間にはもうひとつ、問題解決のための武器がある。模倣《もほう》、あるいは学習という方法だ。未知の問題というのは、あくまでその人にとって未知であるだけで、たいていは他の誰かがかつて直面した問題であることがほとんどだ。

すでに解決法が発見されているなら、それを真似した方が労力を節約できる。

文明が複雑になるほど、そして社会に所属する人口が増えるほど、問題解決を模倣や学習に頼る割合は増えていく。

子供の場合も、成長するに従《したが》って同じことが起きる。自分で工夫するより、お兄ちゃんの遊びを真似した方が面白かったりするのだから仕方がない。砂場遊びを卒業した子供は、次第にサッカーに夢中になっていくわけだ。

もちろんこれは、どちらの問題解決法が優れているかどうか、という話ではない。

仮説・実行・検証という方法と、模倣・学習という方法の両方があったからこそ、人類の文明はここまで発達することができたわけだ。それに実際上、この2つは密接に絡み合っていて、どちらがどちらか区別がつかないこともよくある。問題があるとすれば、模倣・学習に偏りすぎると、仮説・実行・検証という方法論を忘れてしまいがちになることだ。

ビジネスの現場では特にそういうことが起こりやすい。

右も左も分からない新入社員時代には、学ぶべきことがたくさんありすぎて、仮説を立てるなんてことまで気が回らない。そもそも仕事の内容が分からなければ、仮説の立てようがないわけだ。

一所懸命に仕事の勉強をしているうちに、自分の頭で考えて問題を解決するという方法があることを忘れてしまう。

これは笑い話ではなくて、真面目な人ほどそうなりやすい。

極端なことを言えば、21世紀の人類には膨大な知の蓄積がある。しかもインターネットというツールのおかげで、その無尽蔵のデータベースにアクセスすることが容易にできるようになった。学習には限りがないのだ。

会社の上司や先輩にしても、初めての仕事をさせる時、新入社員に自分の頭で考えろなんてアドバイスする人はあまりいない。仕事はあくまで覚えるものであって、考えるものとは思っていないビジネスマンは決して少なくないのだ。

けれど、単なる学習だけでは、本当にいい仕事をすることはできない。

禅宗にはこういう言葉があるそうだ。

「師に会っては師を殺し、仏に会っては仏を殺す」

殺すというのは乗り越えるという意味だろう。師匠の言いつけを守り、教典を読んでいるだけでは、絶対に進歩できないと言っているのだ。

常に進歩することを考えて行動する。これは、もちろんビジネスにおいて重要なことだ。

江戸時代から300年続いた京都の老舗《しにせ》であったとしても、今も元気に商売をしているところは、毎年のように新しいチャレンジをしている。

伝統を守るためにも、新しいことをしなければならないのだ。

ましてインターネットの世界でビジネスをする僕たちは、24時間いつでもこの気持ちを持っていなければいけない。

仮説・実行・検証という行動形式は、そのための強力な武器なのだ。

仮説にも良い仮説と、悪い仮説がある。

どうすれば、良い仮説が立てられるか。

僕はまず『そもそも論』を考えるべきだと思う。

どんな仕事の時でも、〝そもそもこの仕事は何のためにするのか〟を考えるということだ。

昔、長嶋茂雄さんは空振り三振した時のために、ヘルメットが派手に飛ぶように練習していたという話がある。そんな練習は勝敗には何の関係もない。

けれど、長嶋さんは、そうした方がお客さんが喜ぶと考えたのだろう。ピッチャーとの息詰まる戦い。長嶋さんはヒットやホームランを狙うが、あえなく三振に終わることもある。そのときヘルメットが宙高く飛べば、バッターが全力で戦っていることが観客にも伝わる。そうすれば三振を奪ったピッチャーの投球も引き立つ。

地味な空振りもひとつのエンターテインメントになるわけだ。

長嶋さんは、〝そもそも何のために野球をするのか〟を考えたのだと思う。

野球選手としては、もちろん勝負に勝つことが目的だ。だけど、ではなぜ勝った方がいいのか。それは、観客が喜んでくれるからだ。

スタジアムに足を運んでくれた観客やテレビで観戦しているファンが、野球は面白いと感じてくれなければどんなに勝負に勝っても意味はない。そもそも野球はエンターテインメントなのだという意識が、長嶋さんのプロ意識の中心にあったのだと思う。だからあれほどの国民的人気を集めることができたのだろう。

そもそもこの仕事はなんのためにあるのか。

いつもそう考える癖をつけておけば、それが仕事のアイデアにつながっていく。改善のための仮説も自然に湧いてくるはずだ。

僕たちが楽天を始めた頃、先行していたインターネットのショッピングモールでは、問い合わせや意見などへの返事など、ユーザーとコミュニケーションをとるのは、システムを提供しているモール側の仕事となっていた。出店者の立場からすれば、一見すれば煩雑に思える仕事をモールが引き受けてくれた方が楽なのは当然だ。

僕はこの方法を疑問に感じていた。

そこで、そもそもユーザーからの問い合わせや意見を受け付けるのは何のためか、ということを考えてみた。

まず第一に、商品を買ってくれるユーザーに納得して頂くためだ。リンゴを売っていたとして、そのリンゴの色や大きさが不揃いじゃないかというクレームが来たとしよう。たとえばそのような時に、「農薬の使用料を減らし、リンゴの選別をしないためで、安全性と味の良さには自信を持っています」という説明をすれば、ユーザーは納得してくださるだろう。

第二に、消費者のクレームをビジネスに生かすためだ。リンゴが酸っぱい、食感が柔らかすぎる、あるいは甘すぎる……。そういうクレームを蓄積していけば、現在の消費者の嗜好が見えてくるはずだ。あるいは、その蓄積があればホームページを作る時、リンゴの品種ごとに、酸度や甘み、食感の違いをもっと詳しく説明した方がいいと分かるわけだ。

そう考えていくと、ユーザーとコミュニケーションをとるのは、当事者である出店者の方が圧倒的にいいという結論に達する。

商品の説明をするのはやはり商品に詳しい出店者であるべきだし、ユーザーからのクレームの一つ一つに対処することで出店者は自らのレベルを高めることもできる。

ユーザーの立場で考えても、顔の見えないモールの誰かより、商品を売っている人と接触できた方が納得できるはずだ。

そう考えた僕は、楽天市場では出店者自身に、ユーザーとコミュニケーションをとってもらうことにしたのだ。

ショッピングモールを経営する僕たちにとって、直接のクライアントは出店者だ。その出店者にある種の手間を強《し》いるわけだから、僕たちに迷いがあったのも事実だ。コンピュータに触ったことのない出店者が、はたしてユーザーときちんとコミュニケーションできるだろうかという心配もあった。

けれど僕はそもそも論で考えた仮説を実行してみることにした。

あまり指摘されていない事実だが、ある意味でこれが楽天市場のいちばん革新的なポイントだった。

楽天市場がオープンした最初の月、全出店者の実質的な売り上げは18万円しかなかった。わずか10年後の現在、毎月の売り上げは４００億円を超えるようになっている。

急激な成長の理由のひとつが、この革新であったことは間違いない。

インターネットはコンピュータという人工物の究極みたいな機械がなければ成り立たない。そのインターネットを利用してモノの売り買いをするショッピングモールは、どうしても非人間的で無味乾燥なものと思われがちだ。それが爆発的に普及したのは、単に便利だったからだと思っている人もいるかもしれない。

便利なことは間違いない。けれども、一度でも楽天市場を利用したことのある人は、きっと想像したような非人間的なものではないと感じて頂けたのではないだろうか。実際に、「デパートや街のスーパーマーケットで買い物をするよりむしろ人間的だ」と言ってくださるユーザーは少なくない。

それもユーザーと出店者が、メールを通して直接対話できるからだろう。

もちろんその対話には、クレームもあるわけだが、実際にいちばん多かったのは感謝のメールだった。『こんな美味しいリンゴ食べたの初めてです』『来年もまたこの季節になったら注文します』『これからも頑張ってください』。

そういう一言が、どれだけ出店者の励みになったことか。そしてそれは消費者であるユーザーにとっても、新鮮な体験だった。ただの買い物と考えていた行為が、コミュニケーションでもあったわけだから。

人と人のコミュニケーションが急速に失われている現代だからこそ、人はコミュニケーションを求めるのだと思う。

ディスコミュニケーションの象徴のように捉えられがちなコンピュータとかインターネットは、使い方によっては強力なコミュニケーション・ツールになる。

そしてディスコミュニケーションの時代には、コミュニケーションはある種のエンターテインメントにもなりうる。

楽天市場での買い物は、単なる需要と供給の関係に基づく経済行為ではなく、現代人にとってのひとつのエンターテインメントでもあることに、人々が少しずつ気づき始めた。それが単なる経済行為だけだったら、10年間で20万倍などという売り上げの増加があるわけがない。

コミュニケーションを取り戻したいという人々の潜在的な欲求が、楽天の急成長の裏に隠された秘密なのだ。

ユーザーからのメールに返信するのは誰であるべきか。

単純な疑問から生まれたひとつの仮説が、楽天の飛躍につながったのだ。

仮説は右脳と左脳のキャッチボールから生まれる

ビジネスにおける仮説は、右脳と左脳のキャッチボールから生まれる。

右脳から生まれたひらめきやインスピレーションを、左脳の論理的なフレームワークに落とし込むことによって、ビジネスに適用可能な具体的な仮説になるのだ。

アイデアというと右脳的な思考ばかりが重視されるが、僕は左脳のフレームワークの重要性も指摘しておきたい。

ひらめきは必ずしも正解ではない。そのひらめきが現実的か否か、それが戦いを有利に展開する結果につながるかどうかを判断する手がかりになるのがフレームワークだ。

簡単に説明すれば、フレームワークとは将棋でいえば定跡のようなものだ。たとえば羽生棋士は、何十手も先を読んで将棋を打っている。素人には想像もできない世界だけれど、そんなことが可能なのは彼が何千という過去の将棋の型を蓄積しているからだろう。定跡というフレームワークがあってこそ、インスピレーションは生きてくるのだ。

それゆえに自分の感覚や直感を仮説という具体的なカタチにするには、フレームワークを理解しておくことが大切だ。

将棋やスポーツの世界では、この右脳と左脳とのキャッチボールは極めて短い時間で行う必要がある。バッターはピッチャーがボールを投げてから0・何秒という極めて短い時間でそれを行わなければならない。将棋にしても、せいぜい1分とか2分の猶予しか許されないわけだ。

ビジネスの世界においてもスピードは極めて重要だ。それにしても、スポーツ選手に比べれば遥かに長い時間を右脳と左脳のキャッチボールに使うことができる。

スポーツや将棋の世界では、誰もが頑張れば成功するというわけではない。けれどビジネスの世界では、この時間の長さゆえに、誰でも心がけ次第で一流プレイヤーになれるというわけだ。

将棋には定跡という明確なフレームワークがある。それは書籍としても出版されているし、過去の棋譜を研究することによって身につけることもできる。ところがビジネスの世界では、フレームワークを現実の世界から自分で発見しなければいけない。将棋の定跡集のような書物は出版されていないのだ。

もちろんいわゆるビジネス書は貴重な参考になる。自分の業種とはかけ離れた職種についてのビジネス書であっても、発想のヒントがたくさん詰まっている。そこには、いくつかのフレームワークが提示されていることもある。

だからビジネス書はできるだけ読むべきなのだが、それでもやはりビジネスにおけるフレームワークは自分で見つける必要がある。

なぜならビジネスにおいては、すでに他人が発見したフレームワークは、具体的なビジネスに落とし込まれている可能性が高いからだ。そのフレームワークの発見そのものが、ひらめきやインスピレーションの源になることも多い。

ひとつ例を挙げてみよう。

僕がインターネットのショッピングモールの将来は明るいという判断をしたのは、通販業界のフレームワークがあったからだ。

通販業界のコスト構造を調べてみると見えてきたことがあった。分かりやすく説明すると、定価が1万円の商品であれば、通販会社の仕入れは50％、つまり5000円だった。DM制作とその発送の費用などが25％かかるから、限界利益は25％ということになる。

ごく単純に考えても、インターネットを使えばこのDM制作費と発送費の25％をゼロにすることができる。限界利益を確保したままで、1万円で売っているものを7500円で売れる計算になる。この競争力は圧倒的だ。

当時、通販マーケットは約2兆円。つまりこの圧倒的競争力を武器にすれば、将来的にインターネット通販が2兆円を超えることは確実だ。2兆円を超える大きなマーケットが誕生すれば、インターネットで何でも買えるという世界が実現する。だからこれは必ず爆発的にヒットする。

インターネットのショッピングモールをやってみようというひらめきは、通販ビジネスのフレームワークを分析した結果があったからこそ、現実に挑戦してみる価値のある仮説にすることができたわけだ。

けれどこのフレームワークはすでに、楽天市場というビジネスに落とし込まれてしまっている。そうなると現在では、少なくとも新しいビジネスを発想するために、もっと別のフレームワークを見つけなければならない。

ただしこの説明には、フレームワークを見つけるためのひとつのヒントが隠されている。

つまり他業種で行われていることから、応用できるフレームワークを見つければいい、ということだ。

ここでまた具体的なケースを紹介しよう。

サッカーでは、背番号12はサポーターズナンバー（サポーターの背番号）になっている。サポーターもチームの一員なのだという意識が生まれるから、サポーターはよりそのチームを愛するようになっていく。そのため、この制度はサッカーファンの獲得にも役立っているわけだ。

それはサッカーというスポーツの特殊性ということで片づけられてしまうかもしれない。しかし、そういう思い込みでは有効なフレームワークを発見することはできない。これをスポーツとファンとの関係を考える上でのひとつの型、フレームワークと考えたらどうだろう。もしかしたらこのフレームワークは、そのまま野球にも応用できるものではないだろうか。僕はそう考えて、楽天野球団において背番号10番をファンの背番号にした。これが極めて好評で、ファンの支持を広く集める結果にもなっている。

既存の通販とインターネット通販、サッカーと野球。それぞれは、他業種とはいえ極めて近い関係にある。だから僕がこうやって種明かしをしてしまえば、それはとても簡単なことのように思えるはずだ。

いや実際にそれはとても簡単なわけだが、現実には今までそれをやった人はいなかった。だからこそ成功につながったのだ。

まして業種が離れていれば、そこにはまだ誰も気づいていない、共通するフレームワークがいくらでも隠されているはずだ。

フレームワークということで言えば、もうひとつインスピレーションの源として有効なものがある。それは旅だ。世界には多種多様の文化と伝統があり、それぞれの文化圏には独自のビジネスが存在している。

かつては、「ある文化圏に特有のビジネスはその国でしか成り立たない」という考え方が優勢だった。けれど最近では、この考え方はあまり支持されていない。鮨《すし》の話をすれば分かりやすいだろう。

経済学者の僕の父親が、エール大学で研究者生活をしていた関係で、僕は少年時代の2年間をアメリカで過ごした。その頃は、「アメリカ人は海苔《のり》なんて食べない」と言われていた。日本人は紙状に乾燥させた海藻を喜んで食べている。アメリカ人が、そんな気持ちの悪い食習慣を受け入れるわけがない、と。

ところが今やスシは、アメリカのポピュラーフードだ。海苔だってみんなバリバリ食べている。アメリカどころか、パリやロンドンでもスシ・レストランが繁盛しているのだ。

カラオケも同じだ。日本でカラオケが流行《はや》り始めた頃は、「こんなこと欧米人はやらない」と誰もが言っていた。それが今では世界中にカラオケバーがある。

世界中で読まれたり放映されたりしている日本のマンガやアニメにしても、外国人には理解不可能な日本のローカル文化だったはずなのだ。

このような事例から考えると、ひとつの文化圏で爆発的にヒットしたモノは、他の文化圏でもヒットする可能性があるという推測が成り立つ。そして実際この推測に基づいて、様々な〝流行〟が輸出されたり輸入されたりするようになった。

面白いのは、よく考えてみれば、これは別に最近だけの現象ではないということだ。

日本人は有史以来、ずっとそれを続けてきたのだ。仏教も漢字もそうだ。まして や第二次世界大戦後はどれだけの欧米文化を輸入してきたことか。

日本にどれだけの数の外国料理のレストランがあるかを考えれば、食習慣がどんなに簡単に国や文化の垣根を飛び越えるか分かりそうなものだ。けれども、それにもかかわらず日本人は「鮨の味は外国人には分からない」と信じていたわけだ。

19世紀にはすでにヨーロッパで日本の浮世絵がブームになっていた。ゴッホやモネが浮世絵の模写をするほど熱狂していた過去があるのに、日本のマンガは外国人には理解できないと思い込んでいたのだ。

歴史を振り返ってみれば過去にいくらでもヒントはあるのに、先入観や固定観念に左右されてなかなかそこからは学べないのが人間というもののようだ。

けれど、その盲点がビジネスをする人間にとってはチャンスでもあるわけだ。

誰も気がついていないからこそ、アイデアの源泉になりうる。

世界を旅することは、文化や習慣の違いを飛び越える空間移動であると同時に、時間軸を過去に遡ったりあるいは未来へジャンプしたりする時間移動という側面もある。

たとえば、急速な経済発展をする中国の現在と、高度経済成長期の日本の姿は似ていると言われることも、それに当てはまるだろう。国の面積も人口もまったく違う。だからもちろん完璧に同じなわけはないけれど、ある側面を見れば確かに似ている部分もある。ということは、これから何が起きるかをある程度は推測できる。その推測は中国におけるビジネスのフレームワークとして使えるかもしれない。

あるいは外国でなくても、高齢化の進んだ日本の山村を訪ねれば、将来の日本に必要となるビジネスのヒントが見つかるかもしれない。現在の山村における高齢者のコミュニティが、将来の日本を予想するフレームワークとして応用できる可能性もあるだろう。

アービトラージというデリバティブ用語がある。裁定取引という日本語にすると意味が分かりにくくなってしまうが、要するに同一のモノの地域による価格差を利用して確実な利益を得ることを意味する言葉だ。

僕がここで語ってきたことは、広い意味でビジネスのアービトラージと言い換えてもいいかもしれない。ただしビジネスの場合は、Aという市場でCを買い、Bという市場でCを売るというような単純な戦略は通用しない。

それはあくまでもヒントであって、右脳と左脳のキャッチボールを経た後にようやく実行に値するひとつの仮説になるのだ。

新しいことにチャレンジし続けるために

ビジネス全体の話だけでなく、日々の改善をしていくためにも仮説を立てることはとても有効だ。

外国の街では匂いを強く感じることがよくある。見知らぬ土地では人間の感覚が鋭敏になるのだろう。その鋭敏な感覚をフルに活用して、先入観や偏見にまどわされずに、あらゆるものを好奇心を持って眺めることが、アイデアにつながることもある。

ヨーロッパの古い都市を歩くと、あの町並みの美しさは色と形が統一された結果であることに気づく。僕はそれを見て、「楽天のホームページのデザインに応用できないかな」と考える。

これもひとつの仮説だ。

とても小さなことだけれど、改善は小さなことの積み重ねだ。小さなことの積み重ねが、どれだけ大きな結果につながるかを僕は自分で体験して知っている。大きな目標を達成しようと思ったら、毎日1％、いや0・1％でも改善を続けることだ。

仮説・実行・検証は、その改善のための作業方針でもある。

注意深い読者は、この章のタイトルにもうひとつ、仕組化という言葉がついていることに気づいているかもしれない。

この標語を最初に作った当初、僕は仕組化という言葉を入れていなかった。

個人のレベルで考えれば、仮説を立て、その仮説に基づいて実行し、その結果を検証するだけでも十分だからだ。検証した結果、仮説が正しいことが分かったら、あとはそれを続けていけばいい。

検証して思うような結果が得られなければ、その原因を考える。仮説が間違っていたなら新たな仮説を立てればいいし、仮説の実行方法が間違っていたなら別の方法を試してみれば、進歩し続けることができる。そういうことを繰り返していけば、目的は達成できるはずだ。

けれど組織として考えた場合、これだけでは足りない気がした。

まず第一に、仮説・実行・検証という作業を繰り返し、改善し続けられる仕組みがなければ、それがただの標語で終わってしまう可能性もあるからだ。

仕組化とは、まず第一に改善を続けられる仕組みを意味する。

思いついた時だけ改善しようということではなく、継続的に改善できる仕組みを作っていく、ということだ。

楽天の場合で言えば、僕はそもそものスタートの社員が2名だった頃から、月曜日はいつもより早く出社して朝会をやるという決め事を作っていた。それは今も受け継がれていて、楽天では毎週月曜日は8時から全社的な朝のミーティングを行っている。それは全社員の気持ちを同じ目標に向けるためであり、日々改善を続けていく意識を維持するためだ。

人間は目標を決めた当初は一所懸命頑張るけれど、放っておけば時間の経過とともに意欲が低下してしまう。それはある程度は仕方がないことだ。だから僕は毎週朝会を開く。朝会は日々改善するという目標を再確認するためのひとつの仕組みなのだ。


仕組化にはもうひとつ、仮説・実行・検証によって到達した効率的な仕事のやり方や、新たなビジネスモデルを、組織全体で共有するための仕組化もある。

組織レベルで考えれば、ひとりの社員やあるいはひとつの部署で行う仮説・実行・検証のサイクルは、小さな実験とみなすことができる。小さな実験で仮説が正しいことが検証できれば、次にその仮説を組織全体で大きく展開していけばいい。そういう意味での小さな実験だ。

小さな実験と言ったが、仮説を大きく展開するためにはどうしたらいいかという仕組みを考えながら、実験を行うことが重要だ。

最終的な着地点は変わってもいいが、やはり最終着地点をある程度イメージしながら小さな実験をするという姿勢を持っていた方がいい。

楽天市場の最初の月の売り上げは18万円だった。楽天市場を利用してくれたユーザーの数は、30人にも満たなかった。

それでも僕たちは、30人のユーザーを相手に、将来このビジネスが大きく育った時のことを考え、様々な仮説を立て小さな実験を繰り返していた。

出店者がユーザーからのメールに返信するというシステムにしても、ユーザーの数がそんなに少ないのであれば、僕たちが返信した方がいろんな意味で効率的だった。なにしろ僕たちが秋葉原まで一緒にパソコンを買いに行かなければならないほどのパソコン初心者の方も、出店者にはいらしたわけだから。そういう出店者の方には、メールの返事を書くという慣れない仕事で負担をかけてしまったことになる。

もしあの時自分なりに仮説を立てていなければ、おそらく他のショッピングモールと同じように、僕たちモール側が返信するというシステムにしていたに違いない。

そしてそのシステムを続けていたら、楽天の急成長はなかっただろうし、仮にうまくいったとしても間違いなくどこかで破綻していただろう。

ユーザーがどれだけ増えてもきめの細かい対応ができているのは、出店者がメールの返信をするというシステムが、負担を強いることであると同時に、不遜な言い方かもしれないけれど、出店者もともに成長してくださることにつながっているからだと思う。

全国を走り回って営業活動をしていた時、僕は出店者の方々に、「一緒に走りましょう」と言った。楽天市場は少なくとも〝努力した人が努力した分だけ報われるシステム〟にならなければいけないのだ。

現在の楽天市場には月商1000万円を超える店舗や、1億円を超える店舗もある。もちろん業種によっても店舗の規模によっても売り上げは違うわけだけれど、出店者がそれぞれの努力によって成長しているからこそ現在の楽天があるわけだ。

楽天の強さは、集合体の強さなのだ。

だからこそユーザーが爆発的に増えた今も、楽天市場は草創期の理想そのままに、人と人をつなぐ対面販売の市場であり続けることができているのだと思う。

僕たちモール側の人間だけでは、現在の状況に対応するのは難しい。

なにしろ現在の楽天ユーザーは3000万人を超えているのだ。


楽天の何もかもが理想的だなどと言うつもりはない。

改善しなければいけない部分は、まだ無数に存在する。楽天市場が続く限り改善を続けていくつもりだ。

だからこそ、僕たちはいつも仮説を立て、新しいことにチャレンジし続ける。

チャレンジして失敗することを恐れてはいけない。失敗もひとつのデータになる。

何もチャレンジしないことの方が、大失敗するよりもはるかに始末が悪い。

僕は、失敗には消極的失敗と積極的失敗の2つがあると思っている。

消極的な失敗とは不作為による失敗、つまり何かをすべきなのに何もしないことがもたらす失敗だ。たとえば97年に僕たちがインターネットショッピングモールをスタートさせていなかったとしたら、それはひとつの消極的失敗だ。その反対に何かにチャレンジしてその結果が失敗に終わることを、僕は積極的失敗と呼びたい。

この積極的失敗と、消極的失敗には天と地ほどの差がある。

ビジネスに取り組む人間は、積極的失敗はむしろ歓迎すべきだ。もちろん失敗しないに越したことはないけれど、少なくともそこから学ぶことができる。学んだことをビジネスに生かすことができるなら、それは失敗とすら呼べない。

消極的失敗には、そういうプラスの面がまったくない。何より危険なことに、しばしば本人は失敗したことにすら気づかない。何もしないのだから、表面的には失敗のしようがない。けれど実際には、消極的失敗を重ねているのだ。

ことなかれ主義という言葉があるけれど、それはつまり積極的失敗を恐れるあまり消極的失敗を積み重ねるということでもある。減点方式で仕事が評価されるような職場、例に挙げて申し訳ないけれど、たとえば典型的な日本のお役所には消極的失敗が蔓延《まんえん》しているはずだ。省庁絡みのトラブルの大半は、この消極的失敗の積み重ねが根本的な原因だと思う。

ことなかれ主義は、組織をあっという間に時代遅れにしてしまう。

消極的失敗こそ恐れるべきなのだ。

そして消極的失敗を犯さないためにも、個人のレベルでも組織のレベルでも、積極的失敗を恐れずにチャレンジする精神を持ち続けなければいけない。

チャレンジ精神という言葉にはいささか手垢がついた観があるけれど、手垢がつこうが何がつこうが、ビジネスにとってきわめて大切な精神であることに変わりはない。僕がこの章でずっと書いてきた仮説↓実行↓検証という行動指針にしても、つまりこのチャレンジ精神の中身を具体的に考えて、具体的に仕組化したものということもできる。

誰だって失敗は恐《こわ》い。僕だって恐い。会社の規模が大きくなり、仕事が順調に進めば進むほど、失敗を恐れる気持ちは強くなる。けれどその気持ちに負けてしまったら、会社の成長力は確実に鈍ることになる。インターネット時代の企業は、いつも最新でなければ生き残れないのだ。

一般的にはあまり知られていないことだけれど、楽天は世界最先端のテクノロジー・カンパニーでもある。

僕たちは今やインターネットのショッピングモールだけでなく、金融業や旅行業をはじめとする様々な分野に進出している。創立から10年、短い期間で流通総額1兆円規模という常識では考えられないような成功を収めることができた理由はもちろんひとつではない。

けれども、ひとつだけ言えることがある。

最先端のテクノロジーがなければ、楽天はとてもここまで成長できなかったのだ。

ユーザーの皆さんはもしかしたら意外に思うかもしれない。それはコンピュータ関係の技術には進化すればするほど、ユーザーの側にはその存在が見えなくなるという性質があるからだ。今現在でも楽天市場を使いこなすのは、水道の蛇口をひねって水を出すのと同じくらい簡単なはずだ。それはその裏側に、きわめて高度なテクノロジーが隠されているからこそ可能なことなのだ。

そしてその傾向は、これからますます加速化していく。電話はすでにインターネットの存在がなくては成り立たない道具になりつつある。銀行のATMも家庭のテレビもどんどんインターネットに接続されて、インターネットと一体化しつつある。デジタルカメラだって、無線LANに対応する機種が普通に売られている。写真を撮った瞬間に、インターネットのブログにアップロードできてしまうのだ。インターネットは水や空気と同じようなもの、誰も普通はその存在を意識していないのに生活の中に存在していることが当たり前のもの、になっていくはずだ。

2005年の12月、東京大学大学院情報理工学系研究科の米澤明憲教授を楽天の技術顧問に招いて楽天技術研究所を設立した。10年先、20年先という遠い将来のテクノロジーの進歩を見すえて、楽天のより新しいサービスを創造していくのがその第一の目的だ。自動車メーカーには10年後のクルマで使用するためのエンジンやブレーキを開発する研究所があるけれど、楽天も同じことをすべき段階に達したと判断したのだ。

ただし楽天の研究所は、メーカーの研究所のような大所帯ではない。インターネット・ビジネスにおいては、新しい何かを開発する時に、実物大のクレイモデルを作ったり風洞《ふうどう》実験をしたりする必要がないからだ。たとえば新しいサービスを開発したら、それをすぐに現場のサービスに応用して有効か否かを検証することだってできる。もちろん最初はソフトのβ版のようにある限定された範囲で効果を検証するわけだけれど、楽天全体が技術研究所の実験施設としての役割を果たすことが可能なのだ。

つまりある意味において楽天技術研究所は、楽天全体の〝仮説→実行→検証〟機能を加速化するための〝仕組み〟でもある。今まではそれぞれの現場で仮説を立て、新しいビジネスを創造してきたわけだ。これからはそれに加えて、より遠い未来まで視野に入れた専門家や研究者たちの仮説も、楽天のビジネスを通じて検証していくことになるはずだ。大学や研究機関と協力してその研究成果を、具体的なサービスにつなげることも技術研究所の仕事のひとつなのだ。アカデミックな領域での最先端の研究を、ビジネスに応用するまでのタイムラグをできる限り短くするにはこの方法がいちばんだと思う。

インターネットの進化が加速すればするほど、現在から未来へ向かう時の流れは加速する。僕たちは10年後、20年後の未来を先取りするような新しいサービスを、これからもどんどん世の中に提供していくつもりだ。

そのためにも、楽天の〝仮説→実行→検証→仕組化〟機能を高めていかなければならないと僕は考えているのだ。

なにしろそれが成功するかどうかが、確実に楽天の10年後、20年後の未来を左右するのだから。

そしてそれは、個人であろうが組織であろうが、楽天であろうがなかろうが、いかなる職種のビジネスであろうが、結局は同じことなのではないかと思う。

第４のコンセプト

『顧客満足の最大化』

顧客満足を最大化するために最大限の努力をすべきだ

すべてはお客様のために！

もしこのコンセプトをビジネスの中で１００％実現することができたら、そのビジネスは１００％成功するだろう。

誰もがそれを知っているはずなのだが、あまりにも当然すぎて、しばしば忘れられてしまうコンセプトでもある。

それがただの掛け声になっている企業はあまりにも多い。

なぜ顧客満足が重要なのか。何のために顧客満足の向上を図るべきなのか。

この問題を真剣に考えることは、自分の仕事を見つめ直し、仕事に対するモチベーションを高める結果につながる。

個人をエンパワーメントすることが、僕の仕事のモチベーションだ

ビジネスには、戦争型と戦闘型の2通りのスタイルがある。

戦争型ビジネスとは、テーブルの上に世界地図を広げ、大きな戦略を考えながら展開していくスタイルだ。勝利の条件はマーケットシェアを50％以上押さえることと。そこで必要となるのは、その目標に向かってダイナミックな手を打っていくことだ。

マイクロソフトのOSや、グーグルの検索エンジンは戦争型ビジネスの典型だろう。アマゾンもこのタイプで、最初は何千億という赤字を出しながらも最終的な勝利を目指し続けた結果、一転して黒字に転換していった。

一方、戦闘型ビジネスとは、相手の顔の見えるスタイルだ。全国を駆け回ってよ

うやく4店とか5店の出店者を獲得していた頃の僕たちのスタイルは、典型的な戦闘型ビジネスだった。一つ一つの局面での小さな勝利を大切にして、それを積み上げていくというやり方だ。

この戦闘型ビジネスで積み上げ式に業績を伸ばし、臨界点を超えた瞬間から戦争型ビジネスに切り替えるというのが僕の立てた全体的な戦略だった。

格好良く言えば『三国志』の劉備《りゅうび》スタイル。劉備の軍隊は、関羽《かんう》と張飛《ちょうひ》という2人の仲間と義兄弟の杯を交わしたところから始まる。つまり最初はたった3人の軍隊だったわけだ。そして、乱世の中国を転戦して勝利を重ね（劉備の場合は負けることも多かったけれど）、いつの間にか大きな軍勢を集めるようになり、最終的には蜀漢《しょっかん》というひとつの国を建国する。

戦争型ビジネス、すなわち最初から大きな資本を投下して大きな軍隊を抱えるやり方は、成功した時のリターンも大きいが、失敗した時の損失も大きい。戦闘型は、劉備を見れば分かるように、負けても失うものが少ないから再起するのも難しくないというわけだ。

日本では成功しないビジネスモデルと言われたインターネット・ショッピングに

挑戦できたのも、戦闘型ビジネスから始められたからだ。いつでもやり直しできるという心の余裕があったから、思い切ったことができたのだ。

もっとも戦闘型ビジネスを選んだ理由はそれだけではない。

楽天は今、世界一のインターネット企業を目指している。そのためには、どうしてもどこかで戦争型ビジネスに転換する必要がある。戦争型ビジネスはスケールもダイナミックだし、ビジネスマンにとってやり甲斐のあるビジネススタイルでもある。楽天がその段階に達した今、僕のかかえている案件の大半が戦争型ビジネスに占められているのも事実だ。

楽天のビジネスを世界に展開していく足がかりのひとつとして、2005年にはアメリカのリンクシェアという企業を4億1700万ドルで買収した。けれどその一方で、僕は楽天市場の出店者獲得のための営業も続けている。

戦争型ビジネスに移行したからといって、戦闘型ビジネスはもうやらないということではない。戦闘型ビジネスには、とても重要な役割があるのだ。

戦闘型ビジネスに明け暮れていた楽天市場の草創期は、今にして思えば楽天にとっての宝物のような時期だった。

個々の出店者と濃密なつきあいができたからだ。

僕たちはパソコンなど触ったこともないと言う出店者と、秋葉原へパソコンを買いに行き、ＩＳＤＮの申込書を書いて、買ったパソコンをネットに接続し、キーボードの打ち方を教えた。サービスを提供するだけでなく、ノウハウも提供する。もっと言えば、楽天を〝運命共同体〟として選んでもらうのが、僕たちの基本方針だった。

そういうことを通じて、僕たちは自分たちが誰のためにビジネスをしているのかを深く考えるようになっていった。そして楽天市場の存在意義を確信した。

インターネットは情報格差を生むと言われているが、やり方によってはまったく正反対のことが可能だとはっきり確信できたのだ。

僕は日本興業銀行を辞めるときひとつだけ心配だったのは、興銀に籍を置くことによって得られてきた貴重な情報源から切り離されてしまうことだった。けれど実際には、何も不都合はなかった。インターネットを通じて、世界中の生の情報を手に入れることができたからだ。

楽天はインターネットの力を使って情報格差社会を破壊する。

インターネットを利用すれば、地方に住んでいる人が、都会に住む人と同じビジネスチャンスを手にすることができる。広い店舗を持たない個人商店主も、全国規模で展開する大資本と同じ土俵で戦うことができる。

インターネットを使って条件的に弱い立場にある人に力を与えること、エンパワーメントすることが楽天の使命なのだということを、僕たちはあの時期に学んだのだ。

出店者はなかなか増えなかったけれど、やるべきことは山のようにあった。事務所には寝袋が備えてあって、いつも誰かがそこで寝ていた。時間がないから、昼食は毎日近所の牛丼屋で済ませていた。

自分たちのやっていることが、世の中のためになると信じていたからこそ、あそこまで仕事に夢中になることができたのだ。

これは綺麗事でもなんでもない。

収入は仕事の大きなモチベーションになるけれど、それだけでは本当の意味で頑張る力は湧いてこない。人間は弱い生き物なのだ。どんな人も心の底では、他人の評価や感謝を必要としている。自分の仕事が誰かを幸せにしているという実感は、仕事を続けていくための極めて重要なモチベーションになり得るのだ。

厳しい生存競争を勝ち抜いて企業が大きく育っていくためには、社員一人一人にそういうモチベーションがなければならない。つまり、正しい企業理念が必要とされるのだ。

究極を言えば、人類全体の幸福に貢献できなければ、地球規模の企業にはなれないと僕は考えている。

理念などなくても、短期的中期的には大きな利益を上げることができるかもしれない。けれど正しい理念がなければ、長期的な繁栄は絶対に望めないのだ。

もっとも、当時の僕たちにとって、地球規模の話はまだ絵空事でしかない。

僕たちには「よし、やってみるか」と出店を決めてくれた、商店主のおじさんの笑顔だけで十分だった。笑顔だけではない。楽天市場がスタートしたばかりの頃は、クレームもかなりあった。

出店者からの要望やクレームに対処しながら、僕たちは楽天のシステムも含めて自分たちの仕事の方法を改善し続けた。そして雨だれが岩に穴をあけるように、楽天市場の規模は少しずつ大きくなっていった。

戦闘型ビジネスをやってきたからこそ、自分が何のために、あるいは誰のためにこのビジネスをしているのかを、いつも明確に意識できたのだと思う。

目の前のお客さんの喜ぶ顔に仕事の甲斐を見つけられなければ、人類全体の幸福なんて大きな理念を掲げても何の意味もありはしないのだ。

顧客満足がなければ事業は成り立たない

人間が何かをする理由はひとつではない。

週末にスタジアムへ野球を観に出かけるのは、なんと言っても野球が好きだからなのだけど、同時にそれはデートでもあったりする。

ビジネスの場合は、なおさら、いくつもの理由が複雑に絡み合っている。

けれど、いくら理由が複雑だと言っても、そのビジネスを通じて何をやりたいかという、軸の中心にブレがあってはいけない。中心軸がずれたコマが安定して回らないように、根本のところにブレがあるビジネスは長続きしない。

僕がショッピングモールというビジネスでいちばんやりたいのは、インターネットを通じたエンパワーメントだ。格好良く言えば、インターネットが潜在的に持っている革命的な力を、個人商店や中小の企業に開放し、個人商店や中小の企業を元気づけることが僕たちの使命だと思っている。

議論はいろいろあるが、原点に立ち戻って考えれば、僕の初心はそこにある。なぜそのように考えるかと言うと、それも理由はひとつではないが、根本的に考えれば僕はそういうことが好きなのだ。大学を卒業した時に興銀を選んだ理由も、そういう思いがあったからだ。

本城には偉そうなことを言ってしまったけれど、実は僕も産業を興すという興銀の使命を信じて就職したのだ。

品物が売れなくて困っているという商店のご主人と、ああでもないこうでもないと話しながら様々なアイデアを出して、少しでも売り上げが伸びた時の快感。「本当にありがとう」と言われた時の嬉しさ。これは何ものにも代え難い。この仕事を始めて本当に良かったなと思うのはやっぱりそういう瞬間だ。

昔よくあった町の魚屋さんが何百軒も集まって、インターネット上にバーチャルな築地場外市場を作ったらどうなるだろう。

「今日は何が美味しいの?」

「とびっきりのサンマが入ってるよ!」

そういう会話がインターネット上に飛び交うようになったら、世の中はどれだけ楽しくなるだろうかと考えてしまうのだ。

現実的な問題はたくさんあるだろう。けれど、そういう夢物語を現実にできるのがインターネットの恐るべき可能性なわけで、それだけの力を手にしているからには弱きを助けるという子供の頃からの夢を実現したいと思うのだ。

甘っちょろい正義感だと言う人もいるかもしれない。

けれど、ビジネスの論理から言っても、僕の考え方は間違っていない。

エンパワーメントはインターネット系企業のブレない中心軸になり得るのだ。

ビジネス用語に翻訳するなら、僕のやりたいことはつまり、顧客満足度を高めるということになる。

顧客満足度が、あらゆるビジネスが目的とすべき指標であることは議論の余地がない。

楽天の本質は何かと言えば、間違いなくサービス業なのだ。そのサービス業においては、特に顧客満足を高めることが最優先課題になる。

顧客満足がなければ、事業は成り立たないのだ。

もちろんまったく別の方法で、たとえばM＆Aや投資という手法を使って短期的に利益を上げることはできる。しかしお客さんがついて来なければ、結局いつかは破局を迎えることになる。

顧客に支持されてこそ、ビジネスは続けることができるのだ。そして顧客支持の拡大こそが、ビジネスの拡大につながっていく。地球規模の企業へと成長するためには、人類全体の幸福に貢献しなければならないと僕が言う理由もそこにある。人類全体の幸福に貢献するということは、人類全体を顧客にするということなのだ。

もちろん誰を顧客とするかは、最初に考えなければいけない課題だ。

僕は中小の企業や個人商店主を、中心的な顧客層と想定した。

正義感の問題を抜きに考えても、そうなっただろうと思う。

なぜなら大企業よりも、圧倒的に数が多いからだ。そして大企業1社は倒産して消えてしまうことがあるが、人類がこの地球上に存在している限り、中小の企業や個人商店主がこの世から消えることはないからだ。

インターネットの普及によって社会は大きく変化していく。その変化に対応して、これからも様々なビジネスが生まれていくことは間違いない。他ならぬ楽天市場もその変化の中から生まれたわけだから。

けれど、どれだけ社会が激動しようと、中小の企業や個人商店主の存在は動かない。彼らは〝地の塩〟なのだ。

彼らをエンパワーメントすることを中心軸に据えている限り、楽天というコマはいつまでも安定して回り続けることができるのだ。

インターネットは全国の商店街も元気にすることができる

僕はハーバード大学に留学していた時、国際戦略も勉強した。

学生たちの話題は、どうしても巨大企業の世界展開の話になりがちだった。ギャップもバナナリパブリックもベネトンも、世界中の都市にショップをオープンしていたから、国際戦略を語る際にそれらの企業の話題になるのは当然のことである。

しかし僕はいつも違うことを言っていた。

「自分たちのやるべきことは、そういう単一的消費から脱却して、もっと多様化する方向性を模索することなんじゃないか」

と言い続けた。世界が画一化しているからこそ、僕たちは中小の会社や個人の商店を元気づける戦略を考えなければならない。それがビジョンというものではないか、と考えていたからだ。

日本中の商店街が力を失っていくのと同時に、地方都市の国道沿いには同じようなチェーン店が並び、どの県のどの都市か分からないような光景になってしまった。

それは消費者のニーズでもあるから、一概に否定するつもりはない。

けれども本音ではやはり、走っても走っても同じ景色が続くのは面白くないなと思う。

それは僕だけではなくて、今の日本に住む誰もが感じていることではないだろうか。便利ではあるけれどワクワクしないのだ。

便利さを犠牲にしても、ワクワク感を提供できればビジネスが成立することもある。交通の便の極端に悪い場所でも、個性的な商品があれば遠くからでも人が集まるのだ。

たとえば、讃岐うどんのブームは相変わらず続いているようだけれど、看板も出ていない山奥の一軒家のようなうどん屋さんに今では観光バスが横付けするそうだ。

もちろんうどんが美味しいことは大前提だ。だけど、東京や大阪からわざわざ香川県の山奥まで人が出かけて行く理由は、ただ美味しいからだけではない。そこでしか味わうことのできない、唯一無二の経験を求めているのだと思う。

人の消費行動を左右するのは、便利だとか安いとかいうことだけではないのだ。

日本の地方都市を歩くと、商店街が活力を失いつつあることにほんとうに嫌でも気づかされる。

昔なら一等地だったはずの商店街に並ぶ商店が軒並みシャッターを降ろした、いわゆるシャッター街も珍しくない。珍しくないというより、100万都市を別にすれば、今やそれが日本の地方都市のごく当たり前の風景なのだ。

週末の昼間でも、商店街には人がほとんど歩いていない。親子代々何十年も真面目な商売を続けて来た商店でも、これでは商売にならない。店をたたんでしまうのが多いのも仕方のないことだと思う。

商店街が寂《さび》れているのは、人の流れが変わってしまったからだ。広大な駐車場を備えた郊外のショッピングセンターで買い物をするのが、今では普通のライフスタイルになっている。

そのこと自体は誰を責めることもできない。原因は人々のライフスタイルの変化であって、それを元に戻すことは誰にもできないのだ。

ただこの時代の流れの中で、弱くなってしまった個人の力を復活させることはできるはずだ、と僕は思った。

時代の大きな変化の中で青息吐息の街の八百屋さんや魚屋さんに、もう一度元気を取り戻させる。それを僕たちの使命にできたら、こんなに楽しいことはない。

インターネットを上手く使えばそれができるのだ。

現在では、全国の様々な商店街が、大きな駐車場を確保したりイベントを開催したりと、賑わいを取り戻すための努力をしている。その時にポイントになるのが魚屋さんなのだそうだ。

新鮮な魚を扱う魚屋さんは、大型店舗に対抗する切り札になる存在だ。魚はスーパーの鮮魚コーナーではなく、信頼できる魚屋さんで買いたいという人がやっぱり多いからである。

魚屋さんが元気になれば人の流れができるから、商店街そのものが賑わうというわけだ。

ただし鮮魚を扱うだけに、毎日ある程度のお客さんが来なければ魚屋さんの商売は成り立たない。だから商店街が寂れると、真っ先に影響を受けるのも魚屋さんだ。売れなければロスになってしまうから、仕入れを控えざるを得ない。品数が減って魅力がなくなれば、お客さんはさらに減るという、悪循環に陥ってしまう。

魚屋さんが元気になれば商店街が賑やかになる、けれど商店街が賑やかにならなければ魚屋さんは元気にならない。

これは大きなジレンマだ。そして考えてみれば、このジレンマは全国の商店街全体が抱えるジレンマでもある。

人の流れを取り戻すには商店街が元気にならなきゃいけない。けれど商店街が元気になるには人の流れを取り戻さなきゃいけない……。

堂々巡りの突破口が、インターネットのショッピングモールだ。

何度も書いているようにインターネット空間に店をオープンするということは、人通りの多い商店街に店を開くということだからだ。広い駐車場がなくても、インターネットを使えば何千人、何万人のお客さんを相手に商売をすることができるのだ。

もちろんインターネット・ビジネスには特有の難しさがある。

商店街の魚屋さんなら、店に来てくれたお客さんの7割は買い物をしてくれるかもしれない。けれどインターネットでは1000人のお客さんが店先を覗いてくれても、1人も買い物をしてくれないという可能性だってある。

商店街に魚屋さんは1軒しかなくても、インターネット上には何十軒もの魚屋さんが存在している。人の流れが多い分だけ、ライバルもたくさん存在しているのだ。だから、努力しなくても楽天市場に参加しさえすれば儲かるなどという夢物語を語るつもりはない。現実の商店街だろうと、インターネットの仮想空間だろうと、努力と工夫を重ねなければ成功はありえない。いやもしかしたらインターネット上の方が、より大きな努力を必要とするかもしれない。

インターネット・ショッピングがこれからもっと盛んになっていけば、差別化する努力をしない店舗は膨大な数の中に埋没してしまうだろう。

けれど少なくともそこにはチャンスがある。

空間的な束縛から解放されて、どこの誰でも対等に勝負できる土俵がある。知恵と工夫と努力で、サイズや距離の壁を乗り越えることができるのだ。

まるで自分の会社の宣伝をするみたいだけれど、楽天市場なら昔ながらの商店街の魚屋さんを1000軒復活させることだって不可能ではない。その復活した魚屋さんを核にして、現実の商店街に人の流れを呼び戻すことはできないだろうか。あるいは八百屋さんも肉屋さんも玩具屋さんも、ひとつの商店街の小売店がみんなで一緒に楽天市場に出店して、そこにバーチャルなもうひとつの地元商店街をオープンすることだって可能なわけだ。インターネットを使えば、商店街を復活させるためのまったく違った角度からのアイデアがたくさん浮かんでくる。それが日本中の商店街の活性化につながるなら、こんな面白い仕事はないと思うのだ。

現代の買い物はエンターテインメントだ

そもそも人間はなぜ物を買うのか。

物が必要だから？

米を買ったり、味噌を買ったりするのは確かに生活に必要だからだ。

しかし現在では、買い物をする理由はそれだけではない。

若者に人気がある『ドン・キホーテ』には、ここは密林かと思うほどにゴチャゴチャと商品が並んでいる。必要なモノを探す客には、とんでもなく不便なディスプレイだ。

けれど、あの店は深夜になっても人の流れが絶えない。

もしすべての商品が分かりやすく整然と並べられていたら、『ドン・キホーテ』の魅力は半減するだろう。夜中の1時2時にあの店をうろうろする客は、必要なモノだけを買いに来ているわけではないのだ。

現代の消費とは、生活を支えるための基礎的な消費と、生活を豊かにするための消費とに、完全に二分化されている。

生活を豊かにするための消費というのは、分かりやすく言えば可処分所得の中でブランド物のバッグを買ったり、優雅なレストランに行ったりすることだ。『ドン・

キホーテ』での買い物も、この意味合いが大きい。

このタイプの消費は、いわゆる需要供給曲線では説明することができない。ミクロ経済学のセオリーが現代人には当てはまらなくなってきているのだ。

ルイ・ヴィトンのバッグを買ったり、フランス料理を食べたりするのは、多くの人にとって単純な消費ではない。消費というよりも、意味合いから言えば、たとえばディズニーランドで遊ぶことに近い。

現代では、買い物は経験でありエンターテインメントなのだ。


そしてその傾向は、これからますます強くなると僕は思う。

そうであるならば、時代に対応したビジネスとは、多様化を目指すべきだ。

多様化とは消費者の選択の幅を広げていくことだ。

多様化した消費の対極にあるのが単一的消費。単一的消費とはみんなと同じ経験をしたいという人間のひとつの欲求を満たすものだ。

しかし、それがいつまでも続くものではないことを歴史は証明している。

かつてテレビが社会に普及し始めた頃は、日本中の人が夢中になって力道山のプロレス中継を見ていた。紅白歌合戦や大河ドラマが驚異的な視聴率を記録した時代もあった。

人が画一化を望み続けたなら、その状況はずっと変わらなかったはずだ。

けれど今やそんな視聴率は、遠い昔の記憶でしかない。ビデオ、ＤＶＤ、ケーブルテレビ、そしてインターネットの出現で、視聴者の選択の幅が広がってしまったからだ。

高きから低きへ水が流れるように、選択の幅が広がれば人の流れも多様化する。多様化が進むということは、社会が豊かになるということでもある。

郊外のショッピングセンターに人が集中し、世界共通のブランドショップが隆盛を極めるという現象も永遠に続くわけではない。巨視的に見ればそれも一種の〝単一的消費〟なのだ。

振り子が右から左へ揺れるように、個人商店の時代が近い将来には確実にやってくるはずだ。裏原宿系のショップの売り上げが増加し続けていることからすれば、それは未来というより現在進行形の現象と言うべきかもしれない。誰でも何でも買える時代だからこそ、人は自分だけしか買えないものを欲しがり始めたのだ。

流行りのブランドショップに行列するのも、有名なラーメン店に行列するのも、ある意味では経験のひとつだろう。ディズニーランドがオープンした当時、ひとつのアトラクションに乗るのに2時間も3時間も並ぶことがニュースになった。

並ばされるのは嫌だというので、人が減ったかというとそんなことはなかった。むしろそれでお客さんはさらに増えた。行列に並ぶこともひとつの経験として、エンターテインメントになりえたのだ。もちろん長時間並ぶこと自体は苦痛だから、その苦痛を軽減するための様々な人間工学的な工夫がディズニーランドには施されていた。このアメリカの巨大エンターテインメント企業は、行列というものの本質を明確に理解していたに違いない。

そのディズニーランドが、最近はお客さんがいかに並ばずにアトラクションを楽しめるかに工夫を凝らしている。行列はエンターテインメントになり得るけれど、いつまでもそれを続けていれば飽きられてしまう。

行列する苦痛が喜びに変わるのは、行列した人間にしか手に入らない果実がそこにあるからだ。誰もが行列し誰もがその果実を手に入れるようになれば、行列はただの苦行でしかなくなってしまうのだ。

ブランドショップに行列を作る人にも、同じことが起きるはずだ。

行列という現象は、満員電車と同様に、現代社会における個人のあり方のひとつの象徴でもある。個人は集団の中に埋没し、名前と個性を持った人間としてではなく、何百人とか何千人という数の構成要素として扱われる。

匿名《とくめい》の個人として現代社会を生きるのは気楽ではあるだろうが、人はそれだけでは生きていけない。何万人の中の1人であっても、感情と個性を持つ1人の人間だからだ。「ありがとう」という心のこもった一言に、ふと涙をにじませるのが人間なのだ。

いつものレストランやいつものブティックで心がなごむのは、そこにはマニュアルの挨拶ではない本物の会話があるからだ。

行列がエンターテインメントになり得るとしても、それは一過性のものだ。けれどコミュニケーションとしての買い物は、人類がこの地球上に生きている限り続いていく。

デパートの包装紙が、贈答品の価値を高めた時代があった。日本橋三越で買うということが、買い物の付加価値になったのだ。

インターネット・ショッピングモール時代には、店主とお客さんとのコミュニケーションが、〝デパートの包装紙〟の代わりの買い物の付加価値になりうるのだ。

生活を豊かにするための消費が増加していけばそれだけ買い物にコミュニケーションが求められるようになり、そのコミュニケーションが得られた時に、買い物はエンターテインメントとしての意味を持つようになるのだ。

顧客満足を最大化することを忘れてはならない

人類の歴史において、インターネットの普及は自動車の発明に匹敵する出来事だと思っている。

自動車の登場によって、20世紀という時代は、それ以前の時代とまったく異質なものになった。そしてインターネットは、21世紀に生きる人間のライフスタイルに質的変化をもたらしつつある。

自動車がそうであるように、インターネットもひとつの道具だ。道具である以上は、それをどう使うかによって、もたらされる結果が180度逆の方向を向いてしまうこともありうるわけだ。

これはあらゆるテクノロジーについて言えることなのだが、出現した当初はかなり手厳しい批判や拒絶反応の対象にされる。産業革命期のイギリスでは自動織機が壊され、自動車や蒸気機関車も悪魔の道具呼ばわりされた過去がある。

テクノロジーが革新的であればあるほど、社会を変化させる度合いは大きいから、それによって影響を被る人間の数も多くなる。だからそれはある意味では健全な反応で、批判にさらされるのは新しいテクノロジーの宿命なのだろう。

インターネットというテクノロジーが少し異質なのは、それが最初は一部の大学や研究機関からスタートしたというところだ。

軒下に垂れた1本の糸からぶら下がっていた蜘蛛《くも》が、いつの間にか大きくて美しい巣を張っているように、インターネットの網の目は気がついたら世界中を覆っていた。だから自動織機のように、インターネットを打ち壊そうという集団は現れなかった。

もちろんインターネットに批判的な、あるいは懐疑的な視線を注ぐ人も少なくない。けれども、その批判自体がインターネット上で行われていたりする。地球温暖化対策を議論する人々が、飛行機やクルマに乗らなければ会場に辿り着けないのと同じように、良くも悪くも現代のコミュニケーションはインターネットを抜きには語れなくなっている。

でもだからこそ、このインターネットという道具をどう使っていくかというビジョンが大切になってくるのだ。

社会の多様化を促し、個人をエンパワーメントする、あるいはコミュニケーションを取り戻すというビジョンがあったからこそ、楽天は短期間でここまで成長することができたのだ、と正直に思う。

楽天がどれだけ成長したといっても、地球上のインターネット全体を流れる情報量と比較すれば、まだ大海に乗り出した1隻の帆船のようなものでしかない。けれど地球上の人間が空気を呼吸するようにインターネットを使うようになればなるほど、その帆船がどの方向を向いているかが重要な意味を持つようになる。

海がどんなに荒れても、セイルとマストがしっかりしていれば、僕たちの帆船は航海を続けることができる。

セイルとマストとは何に当たるか？　それは顧客満足だ。だからこそ、僕たちは顧客満足を最大化するために最大限の努力をする。

顧客との間に強固な絆《きずな》を築くことができれば、インターネットによって社会がどれだけ大きく変化しようとも、楽天は成長していくことができる。そして楽天が成長すれば、顧客満足はさらに増大し、絆はより強固なものになっていくだろう。

この循環が、1隻の帆船を、巨大な船団に育てる推進力になる。

その船団の航跡が新しい航路になる。インターネットを人類の幸福に役立つ道具へと進化させるのが僕たちの使命なのだ。

企業は顧客にサービスを提供する。そのサービスから適正な利潤が生じ、企業やそこで働く人間の生活を豊かにする。その結果として、企業はよりよいサービスを顧客に提供することができるようになる。

ビジネスは循環なのだ。

より良い循環を創り上げるのが、経営の仕事だと思う。

顧客満足を上げることがどれだけ重要かは誰にでも理解できるはずだ。

けれどあまりにも当たり前すぎて、それがしばしば忘れられてしまう。

お客さんの立場からすれば信じられないかもしれないが、そういうことは実際によくあるのだ。

もちろんここで言っているのは、TVコマーシャルや新聞や雑誌広告のキャッチコピーとしての顧客満足ではない。

自分たちが提供しているサービスが本当に顧客を満足させているかどうか、いつも真剣に考えること、いつも顧客満足を向上させる努力を続けることを忘れてしまうのだ。

たとえば価格競争をするのは、本来は顧客のためであるはずだ。けれど1円でも競合相手より安くしようという努力の結果、サービスの質が低下して顧客満足も下がるということも起こりうる。いわゆる安かろう不味《まず》かろうという商売だ。

そうなってしまうのは、顧客満足を真剣に考える努力をどこかの時点で忘れてしまっているからだ。

ビジネスの本質は、相反する利害を同じ方向に向けることにある。

売る側としてはできるだけ高く売りたい。買う側はできるだけ安く買いたい。簡単に言ってしまえば、利害は相反しているわけだ。川の向こうとこちら側ほど離れているかもしれない。その川に橋をかけるのが顧客満足だ。

サービスに満足すれば、お客さんはそれに見合ったお金を払ってくれる。顧客の利益とサービス提供者の利益を、同じ方向に向けさせるのが顧客満足なのだ。

ビジネスはドライなものだけれど、人間がすることである限りはドライではない部分もあるわけだ。

ベンチャー企業の人間は、「新しいものを生み出したい」「新しい付加価値を創造したい」という気持ちがどうしても強い。その気持ちは大切なのだが、どうしてもその〝新しい付加価値〟を新しいテクノロジーに頼りすぎてしまう傾向がある。

しかし新しいテクノロジーに頼りすぎていると、さらに新しいテクノロジーが出現した時には、一瞬で吹き飛ばされてしまう。

どんなにテクノロジーが進んでも、人間そのものは変わらないのだ。

いつも顧客の方を向いて、自分たちのやっていることが顧客満足の最大化につながるように努力する姿勢を忘れてはいけない。

インターネット系のビジネスでは特にこの姿勢が大切なのだ。

What can I do for you (customer)?

ビジネスのアイデアや方針に悩んだら、まず自分の心にそう問いかけてみよう。

当事者意識を持つことが様々な問題解決の鍵だ

顧客満足度と並んで、従業員満足度ということが最近よく言われる。

顧客へのサービスを本当の意味で向上させるには、従業員が満足して働ける職場環境を整える必要があるという考え方だ。

給料が安くて職場に不満を持っている従業員と、高給取りで仕事にプライドを持っている従業員とでは、「いらっしゃいませ」という同じ挨拶でも、表情や声の響きがまったく違うというわけだ。まして顧客の痒《かゆ》いところに手の届くようなサービスを従業員に期待するなら、従業員満足度は不可欠の要素でもある。

けれど収入や職場環境を良くするだけでは、従業員満足度を必ずしも高めることはできないと僕は思っている。もっと正確に言うなら、従業員満足度よりももっと重要なことがある。

従業員がどれだけ満足していても、彼らが仕事に当事者意識を持って取り組んでいなければ意味がないと僕は思うのだ。

第2のコンセプトでも書いたように、仕事とは、他の誰かのためにするものではなく、自分のためにするものだ。自分の仕事の主人公が自分でなくてどうするのだろう。自分の人生はいったい誰のものか。そのことをよく考えるべきだ。

これは極端な言い方かもしれない。しかし、仕事に限らず、環境問題も教育問題も当事者意識が足りないから、現在のような問題を抱えているのだと思う。

人口が増えたせいなのか、あるいは個人が力を失ったせいか。現代人の多くが当事者意識を失っているように思えてならない。

サラリーマンの場合は給料を貰って働いているから、余計にそういう考え方に陥りやすいのかもしれない。だけど雇われていたとしても、人に命じられた仕事だとしても、自分が行うからにはそれは自分の仕事なのだ。

僕は興銀にいた時代から、ずっとそう思って仕事に取り組んできた。だからどんな仕事でも面白くないと思ったことはないのだ。

当事者意識を持って本気で仕事に取り組めば、人は誰でもプロフェッショナルになれるのだ。

当事者意識をきちんと持って仕事に取り組むこと。それ以上の従業員満足度はないと僕は思っている。収入や職場環境を良くすることは確かに大切だが、それは従業員満足度を高めるための条件の一部でしかないのだ。

楽天では掃除の業者さんを雇っていない。

掃除は自分たちですることにしているからだ。

テニスの球拾いと同じように、自分の仕事場くらい自分で掃除をすればいいと思うのだ。

誰でも自分の家にゴミが落ちていたら、何の不満もなく拾うはずだ。仕事場に落ちているゴミを自分で拾う意識は、仕事場を自分の家と思う意識につながる。社員の一人一人が会社を自分の家と思うということは、同僚を自分の家族と思うことにつながる。そういう意識と文化を、僕は楽天の中に育てたいと考えている。

会社を家と考えるだなんて、前世紀の遺物のような考え方だと思う読者もいるかもしれない。グローバル・スタンダードの時代のインターネット企業が、なんという時代錯誤に陥っているのかと。

しかしその認識は、グローバル・スタンダードの誤解だと僕は思う。

確かにアメリカ的な考え方ではないだろう。けれど、それは単なる文化の違いに過ぎないと思う。アメリカでは地域が社会になっている。ところが日本では会社こそが社会なのだ。

アメリカでは、自分が暮らしている地域社会に貢献することがとても大切にされる。縄張り主義と言ってもいいだろう。

人間はまず第一に、自分の所属するテリトリーの構成員なのだ。アメリカ人にとっての家庭は、その地域の最小単位だ。それゆえに家庭を守ることが、まず何よりも重要な義務になる。アメリカの大統領が家庭を大切にする夫というイメージをことさら強調する理由もそこにあると思う。

もちろんこれは、あくまでもタテマエだ。タテマエではあるが、現実がどうであれ、そのような文化的な価値観を持っているということでもある。

アメリカ文化では、会社とは家庭を守るために生きる個人の集合体なのだ。だから仕事とプライベートをはっきりと分けるし、仕事机に家族の写真を飾ることは美徳であって甘えでもなんでもない。

アメリカのビジネスマンは家族のために働いているのだ。

日本人だって家族のために働いている。

だけど、そこには微妙なニュアンスの違いがある。仕事机に家族の写真を飾っても僕はいっこうにかまわないと思う。けれども、日本人の多くが子供や奥さんの顔写真を机に飾ることになんとなく抵抗を感じるのも事実だ。

その感覚の違いが、日本の会社とアメリカの会社の性質の違いを物語っている。

日本における会社は、まず第一にその人が所属する社会なのだ。

アメリカでは地域に貢献することが大切にされるように、日本では会社に貢献することを美徳とする。アメリカ人が地域を守ることを当然と考えるように、日本人には会社という組織を守ろうとする意識が自然に備わっている。

組織というと堅い感じがするけれど、これを仲間と言い換えれば分かりやすいかもしれない。仲間のために頑張る理由を、日本人に説明する必要はないのだ。

日本人も会社とプライベートを分けるけれど、その分け方がアメリカ人とは違う。会社という組織の一員であること、仲間のために頑張ることがまず第一だから、プライベートな家族の話を持ち出すのはどうしても遠慮する、ということになる。

有給休暇が取りにくいとか、サービス残業がなくならないとかいう話も、根本にあるのは日本人の会社に対する意識の問題なのだと思う。

誤解してほしくないので繰り返すけれど、これはあくまでもタテマエの話だ。

終身雇用制がどんどん崩壊し、転職がごく普通になり、日本人の会社に対する意識もかなり変化しつつある。

社員にとって会社というものはひとつのフィールドであり、そのフィールドが社員にとって魅力的なフィールドであるようにするのが、経営者としての僕の仕事だ。

そして何より、仕事をするからには全力で取り組みたい。

そうでなければ、面白くもなんともないから。

家族や自分の生活のために働くのはもちろんのことだ。家族や自分のプライベートの生活を大切にしてほしいと思う。

けれど、もし仕事の目的がただお金だけだとしたら寂しい。仕事には単純にお金を稼ぐという以上の喜びが絶対にあるのだから。

それは自分の能力を発揮する喜びだ。困難な目標を立て、そこに向かって一所懸命努力して達成した時の喜びは何ものにも代え難い。

僕は楽天という会社を、社員の一人一人が全力を発揮して戦えるフィールドにしたいと考えている。経営者としての立場からすれば、それが会社を強くする方法だからだ。けれど経営者という立場以上に一人の仕事人間として、全力で戦う仲間と一緒に僕も全力で仕事をしたいのだ。

自分の仕事場を自分の家と感じ、ゴミ捨ても掃除も自分でやるという感覚は日本人の強さのひとつの源だと僕は思っている。禅宗では、掃除も修行の一部という話を聞いたことがある。禅僧は掃除をしながら、物理的な汚れだけでなく、精神の汚れも落としているのだ。

そういう話を聞いて、理屈抜きでなんとなく納得できるのは、おそらく僕たちが子供の頃からそういう教育を受けて来たからだ。たかが掃除かもしれないけれど、それをたかがとないがしろにしない。それが日本の伝統的な文化であり、価値観なのだと思う。何万個の製品を作っても不良品をほとんど出さないという、日本の製造業が世界に誇る驚異的な品質管理も、結局は日本人の持っているそういう価値観や文化の賜物なのだ。

会社を自分の家と思うなんて、時代錯誤と言われるかもしれない。

けれど、自分の胸に手を置いてよく考えてみて欲しい。チームワークということを考える時、僕たちがなんとなく理想としているのは、家族のような強い絆なんじゃないだろうか。ビジネスライクな人間関係だけでなく、親子や兄弟のような緊密なつながりを僕たちは心のどこかで求めてはいないだろうか。

社会の変化とともに、日本人の意識も変わってきているのは事実だ。けれどその一方には、昔からあまり変わっていない日本人的なメンタリティが存在していることもまた事実なのだ。それを否定する必要はどこにもない。

欧米人の考え方や、価値観が必ずしも正解だとは限らない。自分の会社を自分の家と思うという感覚が、当事者意識を目覚めさせ、それでいい仕事ができるならそれが正解なのだ。

アメリカ的な会社がいいとか、日本的な会社がいいという問題ではない。事実としてそうであるならば、その事実をどう生かすかという問題なのだ。もちろん日本的な会社と言っても、長所も短所もあるわけで、何もかも日本式でやるべきだなどとは思っていない。

日本の会社だからと言って、サービス残業などというものがあってはいけない。有給休暇も社員がきちんと取れるようにしなければいけない。収入についても、ストックオプションやインセンティブによって、業績が収入に反映する仕組みを作っている。楽天を日本一給料の高い企業にするのが、僕のひとつの夢でもある。

女性にとって働きやすい環境を作るためにも、いろんな努力をしている。ちなみに楽天は、自己都合で会社を辞めた後でも、もう一度楽天に戻ってくる人も多い。経験豊かな女性社員は、楽天の大事な戦力なのだ。

だから楽天のすべてが日本式というわけではないけれど、それでもやはり根本の部分では日本ならではの文化を生かしていった方が日本人は働きやすいはずだ。

アメリカでは自分の足元に落ちたゴミを、ゴミ掃除のおばさんが拾うのは当たり前かもしれない。それを自分が拾うのは、おばさんの仕事を取ることだという感覚すらあるかもしれない。だけど、僕はそう思わない。目の前でおばさんがゴミを拾うのを、黙って見ていられないのが日本人なのだ。

それでいいと思う。そういう感覚を大切にして、会社という組織を育てればいい。そこから生まれる会社の個性が、日本の企業が世界で戦うための強力な武器になるのだ。

ニューヨークでは日本風の居酒屋が大流行なのだが、実際に今現在、世界各地で様々な日本文化的なきめの細かいサービスから生まれたビジネスが高い評価を受けている。メーカーが海外に作った現地工場にしても、日本的なシステムで運営しているところほど成績を上げている。トヨタのカンバン・システムがかつて評価を受けたように、僕は現代の日本文化そのものが評価される時代がやってきているのだと思う。

楽天は2007年8月に、六本木から東品川に拠点を移した。

六本木ヒルズに入居している企業で、オフィスの掃除を社員がやっているところは楽天だけだった。

そして社員食堂があるのも、六本木ヒルズではやっぱり楽天だけだろうと思う。社員食堂と言っても、同じ色と大きさのテーブルが延々と並ぶ無機質な食堂ではない。こればかりは読者の皆さんにも自慢したくなるくらいの、どこかのお洒落《しやれ》なレストランと見紛《みまご》うばかりの社員食堂だ。

グーグルなどの先進的企業は、オフィスをキャンパスと呼んで様々な設備を備えている。これはとてもいいことだと思う。

僕も東品川に拠点を移動するにあたって、社員一人一人の成長を支援するための教育施設を充実させて、総床面積9300坪のオフィスを大学のキャンパスのような場所にしたいと考えた。今度の社員食堂は質的にも、規模的にもさらにグレードアップし、無料で利用できるようにした。またメニューも豊富で鮨バーもある。カラダを鍛えられるようにアスレチックジムも併設した。

そういう意味では、かなり〝アメリカナイズ〟された職場かもしれない。だけど、おそらく掃除はやっぱり自分たちでやることになるはずだ。

楽天は社員にとっての家であり、自分の全力をかけて戦うフィールドなのだ。

そのフィールドで一人一人の社員がプロフェッショナルとして、顧客満足度を最大化するという目標に向かって全力で疾走する。

それが僕の理想とする楽天のあるべき姿なのだ。

第５のコンセプト

『スピード!!
スピード!!
スピード!!』

スピードこそが すべての勝敗を分ける

ビジネスの現場において、ある意味でいちばん重要なこのコンセプトをいちばん最後に持ってきたのにはもちろん理由がある。

この本を読み終えたら、明日からと言わず、今すぐにでも始めてほしいからだ。

スピードはしばしばビジネスの勝敗を分ける重要なファクターになる。

そしてそれだけでなく、仕事のスピードを速くすることは、仕事そのものの質を高めることにもつながる。

上手にするのと同じくらい、速くすることは大切なのだ。

どうすれば自分の仕事のスピードを上げられるか。

さあ、今この瞬間から考え始めよう！

なぜスピードなのか?

スピードはビジネスの成功率を高める大きなファクターだ。

誰もが仕事は速くやった方がいいと思ってはいるだろうけれど、「やった方がいい」なんて生易《なまやさ》しい話では、実はない。速くやるほど成功の確率は高まるのだ。それくらい切実な問題としてスピードの有無をとらえている人は、実はとても少ないのではないかと思う。

『スピードをどうやって上げるかを、一人一人が考えなければこの仕事を成功させることはできない』

そのくらいの意識でビジネスに取り組むべきなのだ。

スタジアムでサッカーの試合を観戦していると、一人一人の選手が走っているかどうかがかなり重要だということが分かる。11人の選手全員のスピード感が勝敗を決めると言っても言い過ぎではない。

ビジネスも基本的にはチームで取り組むわけで、サッカーとまったく同じなのだが、やはりそう考えているビジネスマンは少ない。いわゆるサラリーマン的な人ほどその傾向がある。その典型がお役所仕事というやつだ。

もっとも、すべての役所がそうだと言ったらアンフェアだ。最近はスピード感の改善に努めている役所も増えていると聞いた。事務処理のスピードを上げる工夫が、速度だけでなく仕事の質の改善にもつながっているのだそうだ。

仕事のスピード感は、第4のコンセプトで書いた当事者意識と深い関わりがある。だいたいの場合、どんな組織でもリーダーはせっかちなものだ。社長や部長や課長はカリカリしているのに、部下はのんびりしているというのが平均的な日本の会社の姿かもしれない。

ところが業績が大きく伸びているような企業では、リーダーと部下の間にそういうスピード感のズレはほとんど見られない。誰もが小気味よくテキパキと仕事をしている。

みんな忙しいはずなのに気配りが行き届いているのもそういう会社の特徴だ。妙なことを言うようだが、商談で訪ねた場合、いいタイミングで美味しいお茶が出てくるのも、そういう会社が多い。お茶をサービスする係の人にも、きっと当事者意識が行き渡っているのだと思う。

当事者意識を持って仕事をすればスピードは自然に上がる。それは当事者意識がモノの見方を変化させるからだ。

当事者意識を持つと、モノゴトを俯瞰《ふかん》で眺めるようになるのだ。

それはつまり、三次元的な俯瞰ではなくて、時間軸も含めた四次元的俯瞰とでも説明すればいいだろうか。仮に他社との競合があったとしたら、他社の動向を含めて世の中全体を空間的に俯瞰すると同時に、現在から将来に向かう時間軸も俯瞰で眺めれば、スピードの大切さが文字通り一目瞭然に見えて来るはずだ。

スピード、スピード、スピード!

そう叫び出したくなるくらい、スピードは重要なファクターなのだ。

インターネット・ビジネスの世界では、「ファーストムーバーズ・アドバンテージ」

ということがよく言われてきた。日本語で言うなら早い者勝ち。つまり速く動いた者ほどアドバンテージがあるということだ。

インターネットを利用した新種のサービスが雨後の筍《たけのこ》のように出現した時代には、確かにファーストムーバーが決定的に有利だった。

けれど最近は「ベストムーバーズ・アドバンテージ」と言われ始めている。いちばんうまく展開した者にアドバンテージがあると言っているのだ。

雨後の筍が竹どころか巨木に育ちつつある今、誰がいちばん最初にやるかより、誰がいちばん良くやるかに関心が移っているということなのだろう。

他でもない僕たちの楽天市場も、ある面ではファーストムーバーではなかった。改善を繰り返しているのも、つまりはベストムーバーを目指しているからだ。

ビジネスの成功を考えて、たとえばものすごく安全に、時間をかけて丁寧に取り組むという方法論もある。その一方に、スピード重視で完成度をある程度犠牲にしても、とりあえずまっさきに動き、後から修正していくという方法論があるわけだ。

どちらの方法論が正しいか、それはケース・バイ・ケースで一元的には議論することができない。それこそ時空間を四次元的に俯瞰した上で、どちらの方法論がそのビジネスに適しているかを判断していく必要がある。

インターネットの世界でもそうなりつつあるのだから、まして他のビジネスなら何でも速くやればいいというわけではない。

だがそれでも、速さが重要だということに変わりはない。

慎重に時間をかけてベストを目指すにしても、ベストに達するまでの時間を最大限に短縮できた者が勝者になることには変わりがないのだから。

スピードを上げると仕事の質も喜びも変わってくる

先に結論を書いてしまったけれど、ビジネスにスピード感をつける最良の方法は、当事者意識を持つこと、つまりは自分が仕事の主人公になるということだ。

モノゴトを俯瞰で見られるようになれば、ビジネスにおける展開のスピード感がどのくらい重要かということを嫌でも意識するはずだ。分かりやすく言えば、尻に火が点《つ》いた状態になる。放っておいても走り出すというわけだ。

ビジネスは結果が出るまでに時間がかかるから、俯瞰で見ることができないうちは仕事を速くやれと言われると、どうしても後ろから押されているような気分になる。しかしそれでは、誰も本気で走れない。そうではなくて、前方に電車が停車していて、発車のベルが鳴り響いている、という状態に自分で気がつかなければいけないのだ。

さらにその電車に恋人が乗っていれば言うことはない。横断歩道が赤信号なら、歩道橋を3段抜かしで駆け上がってでも、なんとか電車に乗ろうとするはずだ。

ロマンチックな言い方をすれば、仕事に恋すればいいのだ。

もちろん恋人と出会うように、仕事に出会える人は少ない。1000人に1人いるかどうか。それは奇跡の出会いと言ってもいい。

けれど恋人と違って、仕事は自分の努力で変えることができる。

本人がどう取り組むかによって、理想の恋人になることもあれば、顔も見たくない天敵になることもある。それが仕事というものの不思議さだ。恋人にするか、天敵にするかは100%本人の責任だ。上司に恵まれないとか、仕事の内容が自分に合わないとか、言い訳を探せばいろいろあるだろうが、結局はその仕事を選んだのは自分のはずだ。

退屈な書類仕事だとしても、早起きしていつもより1時間早くデスクについて、同僚が出社する前に片づけてしまったら気持ちがいいに決まっている。

では具体的にどうすれば仕事のスピードを上げることができるかを考えてみよう。まず最初に行うことは、目標を設定することだ。

ビジネスにおける目標の大切さについては繰り返し触れてきたけれど、スピードを上げるためにも目標の設定はとても大切だ。

目的地のない旅が放浪になってしまうように、目標がなければ仕事はただの労働に堕落する。食べていくために自分の時間を切り売りしていたら、人生なんてあっという間に過ぎてしまう。仕事が面白くないという理由の大半は、実はそこにあるのだ。

目標を設定するのが、仕事を自分のものにする第一歩だ。その目標は何も上司から言い渡されたノルマである必要はない。自分なりの目標でいい。

その代わり、できるだけ高い目標を作ることだ。できることならば、達成したら自分の人生が変わると思えるくらいの目標がいい。


僕が流通総額1兆円という目標を立てたのは、確か2000年の春頃だ。それを言い出したら、聞いたみんながポカンとしていた。

「流通総額1兆円を達成したら、イッチョウ上がりで俺はリタイアする」

下手な駄洒落を笑うやつはいたけれど、本気で信じた人間は何人いただろうか。1人もいなかったかもしれない。なにしろ当時の楽天市場全体の売り上げはまだ30億円程度。1兆円なんて金額にリアリティを感じるのは難しかったのだろう。

僕だって似たようなものだった。

ただし僕は、クリアするのが不可能な目標とは思わなかった。

当時の僕には目も眩《くら》むような壮大な目標だったけれど、マッターホルンを見上げた時のように、その壮大さに心が奮い立った。なんとしてでもあそこまで登ろうと胸が震えるほどに。

小さな目標への道のりが現実的な日常の延長だとすれば、息を呑むほどに大きな目標への道のりは日常ではありえない。それはむしろ冒険に似ている。

冒険に挑む僕の心は沸き立っていたのだ。

僕に誤算があったとすれば、その挑戦が想定していた以上に速く実現してしまったということだ。

２００６年に楽天グループの流通総額は1兆円規模に到達した。

前言を撤回するのは悔しいから、リタイアを考えてみたこともある。だけどここでリタイアしたら、残りの人生が長くなりそうだ。

それに、流通総額1兆円を目指す山登りの途中で、もっと高い山の頂が見えてしまったのだ。今やその頂上を極めるまでは、死ぬに死ねない気分なのだ。


目標の設定がスピードアップに効果的なのは、自分の目標を決めると、そこに至るまでの道のりが見えてくるからだ。

現在地から見て目標地点がどの方向にあるのか、そこまでどのくらいの距離があり、その間にはどんな障害や難問が横たわっているのかが、まず大まかに見えてくる。俯瞰で見るというのはそういうことでもある。

地図を開いて目的地を探すようなわけにはいかない。ビジネスの世界には詳細な1万分の1の地図など存在しないからだ。仮にあったとしても、せいぜいヨーロッパの冒険者たちが黄金の国ジパングを目指した大航海時代に描かれた、地図と言うより絵本の挿絵のような、大雑把で不正確な世界図があるに過ぎない。

だから地図は自分で描くしかない。俯瞰して大雑把に全体を見渡したら、最終的な目標を実現するために必要な全体の行程を、いくつかの小さな目標に因数分解してみる。因数分解したその小さな目標を次々にクリアしていけば、必ず最終目標に到達できる。小さな目標を結んだ線が、自分が進むべきルートになるというわけだ。

目標が十分に大きければ、スピードの大切さを身に沁みて実感するに違いない。おそらくやらなければならないことはあまりにも多いからだ。目標が大きければ大きいほど、自分の一生を費やしても達成するのは不可能に思えてくるかもしれない。

けれども、そこで挫けてはいけない。

不可能であればあるほど、達成して得るものは大きいからだ。

不可能だからこそ、挑戦する意味があるのだ。

人類は歴史の中で様々な挑戦を繰り返してきた。失敗に終わった挑戦も無数にある。挫折の数だけ星を夜空にちりばめたら、夜は昼間のように明るくなるかもしれない。

けれどその長い挑戦の歴史が、ひとつだけ証明した真理がある。

この世に絶対に不可能なことなどひとつもないということだ。

道はどこかに必ずあるのだ。

普通の人間が垂直な崖《がけ》を見上げたら、登れるわけがないと思う。登ることのできない理由は、それこそ星の数ほど見つかるはずだ。

けれどフリークライマーは、その崖をカラダひとつで登ってしまう。奇跡のように見えるが、それは奇跡でも何でもない。

技術や体力の問題は、ここではひとまず忘れよう。彼が普通の人間には不可能にしか見えない崖を登ることができるのは、崖の見方が違うからだ。フリークライマーは登れない理由など探しはしない。彼は登るための手がかりになる、岩の突起や隙間だけを見ている。

あの岩棚に達したら、あの亀裂に爪先を差し込める、その1メートル上に指のかかる岩の突起がある。フリークライマーはそういう視点で崖を見上げているのだ。

それはビジネスでも同じことが言える。

できない理由を探すから、不可能に思えるのだ。できる理由を探していけば、不可能を可能にする方法が必ず見えてくる。

一生かけても達成できないと思えてしまうのは、一つ一つの小さな目標を達成する速度が常識的だからだ。

目標を達成するのにかける時間は、常識から計算してはいけない。

常識などは忘れて、まず最終目標をいつまでに達成するかを決めてしまう。そこから逆算し、個々の小さな目標をクリアするのにかける時間を割り出すのだ。当然のことながら、割った時間は常識で考えればあまりに短いはずだ。

けれどそれが、自分の登るべき断崖なのだ。

常識で考えることが、いかに不合理かを肝に銘じよう。

ビジネスにおける常識的なタイムスケジュールというのは、基本的には仕事を本当の意味で自分の仕事にしていない、つまり僕の言う意味でのプロフェッショナルではない普通のサラリーマンのタイムスケジュールなのだ。

なぜなら、世の中には圧倒的にそういう人が多いからだ。

常識とは多数派の論理に過ぎない。

そういう目で眺めれば、この社会にはあまりにも無駄な仕事が多い。普通のサラリーマンがやっている仕事の8割が無駄と言ったら怒られるだろうか。

会議にかける時間のことを第1のコンセプトの章で例に出したが、あの例のような無駄が会社の中には無数に存在しているのだ。

僕がいつもスピードの大切さを言い続けているから、楽天での仕事の進み方は他の会社に比べればかなり高速になっているはずだ。

それでもまだいくらでも速くできる部分はある。

たとえばある社員が、この目標の達成には3カ月必要だと言ってきたとしよう。

その社員はもちろん、達成までの行程とそれにかかる時間のデータを用意しているわけだ。

そのデータを見た僕は、行程の中で捨てられる部分をまず探す。

「これはやらなくていい。これは後回しにしていい。これとこれは同時進行できる」

そう言いながら、本当にやらなければならないことだけ残して行程を再構成すると、3カ月の目標なら、たいてい1週間ぐらいでできてしまうことが多い。一般的な常識としてやらなければならないことは無視し、ロッククライマーが崖を見上げる時のように、頂上にたどりつくために必要な突起や隙間だけを残すのだ。

期間を短縮すればリスクも増えることは分かっている。しかしそれは、実際にリスクが生じた場合にどうするかをあらかじめ考えておけば対処できるのだ。

危機に直面した人間が、驚くほど短時間で物事を成し遂げることがある。それは瞬間的に優先順位を取捨選択して行動するからだ。

目標達成にかける時間を常識外れに短く設定すれば、そのスピード感が自然に身についていくはずだ。そして、常にそのスピード感で仕事をする癖をつけることで、目標達成までの時間は想像するより遥かに短縮できる。仕事を成功させようとすると、どうしても失敗せずに上手くやろうと考えてしまう。上手くやることは大切だけれど、それと同じくらい速くやることが大切だということをいつも考えよう。

崖から落ちたら大怪我をするかもしれないが、ビジネスにおいては速度が十分に速ければ、落下する前に修正することができる。修正する方法をあらかじめ考えておけば、それは落下というよりひとつの仮説とその検証と言うことすらできる。それに万が一落下しても、ビジネスでは死ぬことがない。

スピードの大切さは、昔から繰り返し言われてきた。

秀吉の特技は、早飯早糞（失礼！）だったという話もある。そして彼の命運を決めたのも、〝播州大返し〟と後に呼ばれた、播州（つまり僕の故郷の兵庫県）から京都までの奇跡的な行軍速度だった。

ナポレオンを皇帝にした秘密も、神出鬼没と恐れられた彼の軍隊の進軍のスピードにあった。

速度が戦争の勝敗を決める有効なファクターだったという過去のエピソードは枚挙にいとまがない。そしてそれは、もうひとつのことを教えてくれる。

常識外れのスピードで勝利した軍隊があるということは、その常識によって破れた軍隊があったということだ。これは戦争という危機的状況にあってすら、常識的にしか考えられない人間がいかに多いかということを意味している。

ましてこれは平和な日本のビジネスの話なのだ。

だからこそ、そこには大きなチャンスがある。

ビジネスはゆっくりと進行する戦争のようなものだ。戦争が危機的状況であるようにビジネスにも危機はあるのだけれど、ビジネスはまるでスローモーションのように進行する。その遅さに惑わされずに、スピードを高め続けることだ。

どんな仕事であれ、スピードを速める余地はまだ無限にあると考えた方がいい。

スピード‼　スピード‼　スピード‼

スピードを極限まで高めた先には、想像を絶する頂が見えてくる地点があるのだ。


あまりスピードのことばかり強調すると、時間をかけた方がいいことだってあると反論されてしまうかもしれない。

僕もそれは認める。20年物のウイスキーには、10年物のウイスキーにはない深い味わいがある。樹齢３００年の材木で建てた寺院は、３００年の風雪に耐えることができる。

それは確かにそうなのだが、僕が言いたいのは、ではその20年物のウイスキーを仕込むのはいつかという話だ。

ウイスキーづくりの職人は、10年後、20年後にボトルに詰めるウイスキーのために寸暇を惜しんで働くという話を聞いたことがある。

樹齢300年の樹木を切って寺を建てる宮大工は、300年後の後輩のために樹を植えるのだそうだ。

たとえどんなに歳月のかかる仕事に取り組むとしても、仕事ができるのは今日、この瞬間でしかないのだ。

スピード感を持って仕事をするということは、つまり今という一瞬をどれだけ大切にして仕事をするかということでもある。

僕の現在の目標は、楽天を世界一のインターネット・サービス企業に育てることだ。

数え方によるけれど、楽天の現在のポジションはだいたい6位。上にはまだ5つの大企業がある。

この5人抜きは、そう簡単ではない。僕たちはアメリカや中国など、いくつかの海外拠点をすでに作っているけれど、基本的にはまだ日本の国内産業だ。

現在の楽天は、まだ1億2800万人相手のビジネスでしかない。世界に進出するということは、65億から70億人を相手にビジネスを展開するということなのだ。

しかもインターネットの普及はまだまだ加速するから、インターネット・ビジネスそのもののボリュームも爆発的に巨大化する。20年後の世界1位のインターネット系企業は、現在とは比べものにならないくらいの巨大企業になっているはずだ。

正直に言ってしまおう。その時代には、インターネット系企業が世界で最大の企業になっていると僕は予想している。つまり、世界一のインターネット企業を目指すということは、世界最大の企業を目指すということなのだ。

たとえば広告を例に出せば、日本国内での広告費は全体で約6兆円と言われている。その6兆円の中で、インターネット広告の割合が急激に伸びているのはご存じの通りだ。具体的な数字をあげれば、もちろん圧倒的なのはテレビ広告で約40%を占めているけれど、インターネットは6%にまで伸びてきている。すでにラジオは抜いてしまったし、来年には雑誌も抜いてしまうという伸び率で推移している。

さらに2011年には、テレビの地上波アナログ放送が終了する。テレビ番組をハードディスクに録画して見るというスタイルがますます普遍的になることは間違いない。そうなれば、前にも書いたけれど、いわゆるテレビ広告のあり方が、現在とはまったく性質の異なるものにならざるを得ない。月曜日の夜9時に放送した番組を、大多数の人が月曜日の夜9時に観るという時代ではなくなってしまうのだ。番組と一緒にCMを流しても期待したような広告効果が上がらないということになれば、CMはテレビ番組とは別に流そうという話になる。そして賢明な読者はすでにお気づきのように、コンテンツと広告を別々に流すのはインターネット広告の得意分野なのだ。

現実に、すでにコンテンツと広告はサーバーを別にすることが可能になっている。それが何を意味するかと言えば、視聴者（インターネットユーザー）の趣味嗜好、生活パターンに応じて、より効果的な広告を流すことが可能だということだ。不特定多数のどこにいるか分からない潜在的ユーザーに向かって広告を流すよりも、確実に反応してくれるユーザーに向かって広告を流す方が効果的だということは、明白なのだ。とすれば、広告主がインターネットを重要視するようになることも分かってもらえると思う。

現在でさえもそうであるのに、将来テレビがIP網を使って流れるようになれば（確実にそうなると思う）、インターネット広告とテレビ広告は、実質的にまったく同じものになってしまうだろう。

おそらく、インターネット広告とテレビ広告は融合していく。そうなれば、少なくとも民間の放送局とインターネット系の企業は、同じ土俵でビジネスをすることになる。競い合うだけでなく、当然のことながら協力関係も生まれていくはずで、それが世界的な潮流になることは目に見えている。

そしてこの現象は放送業界だけでなく、金融業界をはじめとして、あらゆる分野において猛烈なスピードで進んでいくはずだ。世界中の企業と企業が、インターネットというキーワードを通じて融合していく。

インターネット系の企業が世界最大の企業になるとはそういう意味なのだ。

僕たちが世界一のインターネット企業になるためには、そのためのハードルもクリアしていかなければならない。

そのためにはビジネスを大きく動かせる人材が必要だ。現在の楽天全体を1人で切り盛りできるくらいパワフルな人間を僕はすでに5人見つけた。けれど、それでは数が足りない。世界一になるにはそういう人間が、200人から300人は必要だろう。

人材は企業にとって最大の財産なのだ。

この財産は、お金で買えるものではない。

楽天が人材育成のために圧倒的な力を注いでいる理由もそこにある。

世界を探せば、優秀な人材はたくさんいるかもしれない。そういう中から、同じ夢に向かって一緒に走ってくれる仲間を見つける必要もあるだろう。

けれど、それだけに頼るつもりはない。

同じ釜の飯を喰った仲間という言葉があるけれど、楽天で今現在、苦楽をともにしている社員の中から、どれだけの人材を育てられるか。楽天が世界という舞台で成功できるか否かは、まさにそこにかかっているのだ。

だから今度の目標ばかりは、達成するのに少しばかり時間がかかりそうだ。

20年――。

20年間あれば、楽天は世界一の企業へと成長できると僕は信じている。

ただし、そのためには全速力で走らなければならない。

スピード!!　スピード!!　スピード!!

スピードが未来を決めるのだ。

おわりに

インターネットが変える世界はリアルそのものだ

インターネットは世界の姿を変えてしまうだろう。

これはとても重要なことなので、最後にもう一度書いておきたい。

僕たちが楽天市場をスタートした1990年代の終わりは、インターネットによる変革の第一期だった。これは単なるプロローグに過ぎない。社会に与えた影響も、きわめて限定された表層的なものだった。

現在進行形で進んでいる第二期は、比較にならない変化を社会にもたらすはずだ。注意深く観察すれば、すでに社会の様々な面で変化が生じているけれど、それですらも、まだほんの始まりでしかない。

成長の姿をグラフで表現するなら、右肩上がりの単なる直線だったものが、あるポイントから急上昇する二次曲線に変化する。量的な増大が臨界点に達すると、そこで量的変化が質的変化に変容するように、インターネットのもたらす社会変化は、ある時点で社会の質そのものを変えてしまう。

　その臨界点はまだ訪れていないのだ。


　日本が独自の文化を育むことができたのは、周囲の大海によって世界から分断されていたからだ。楽天にとって有利だったのは、その周囲の大海と同じ役割を果たす言語の壁が日本を取り囲んでいたということだ。

　僕たちは英語圏のライバルの攻撃にさらされる前に、日本独自のインターネット文化をどうにか育てることができた。

　インターネットは情報革命だけれど非英語圏である日本はその本当の意味の恩恵を受けていない、インターネットがある意味で日本の孤立化を進めたという意見もある。日本語で書かれたホームページと、英語で書かれたホームページの圧倒的な量の違いを見れば確かにそういう面があることも否定はできない。

　そのことが、楽天には有利に働いたわけだ。

そしてそれは楽天だけの話ではない。

世界と日本という対比で考えてみよう。

言語障壁に守られた日本では、ライバルの攻撃にさほどさらされることなく、すでに多種多様なインターネットのビジネスモデルの種が播《ま》かれ、数多くの芽が出始めている。総務省は２０１０年までに光ファイバーの普及率を90％以上にすると発表している。それが実現すれば、日本は確実に世界のインターネット最先進国になるだろう。

インターネット最先進国である日本で生まれ、発信された最先端のビジネスモデルが、世界を席巻する可能性はきわめて高い。僕たちの次のチャレンジはそこにある。

ある意味においては、楽天のビジネスそのものが世界へ進出するためのひとつのビジネスモデルであるとも言える。日本で育てた純国産のビジネスモデルである楽天を、世界に広げることがつまり僕の次のチャレンジなのだ。

もちろん言語障壁が、いつまでも日本の企業を守ってくれるわけではない。僕たちが世界進出を図るように、英語圏の企業はますます日本進出を目指してくるだろう。

現在の日本の政治や経済の仕組みを考えれば、日本が外国企業の草刈り場になってしまう可能性も決して低くはない。

僕たちが顧客との間に築いた絆、改善を続けることでさらに強固になっていく絆は、この流れに対抗するディフェンスでもある。そしてその絆こそが、さらに僕たちが世界へと飛躍するための何よりも心強い土台になる。

何もかもが変化する世界にあっても、絶対に変わらないことがある。そこに生きているのは、常に生身の人間であるということだ。

人と人の絆や信頼関係は、人類がこの世に存在している限り未来永劫に続いていく。僕が世界一に育て上げたいのは、その絶対に動かない人と人のつながりをベースにしたインターネット産業なのだ。

出店者もユーザーも含めた顧客すべてと運命共同体になり、楽天の成長がみんなの幸せにつながる完璧なシステムを作り上げることができれば、それは絶対に実現できると信じている。

インターネット企業が国境の枠を超えて成長を続ければ、世界の枠組みも大きく変わらざるを得ない。

そうなれば、ひとつの企業、あるいは企業の複合体が、ひとつの経済圏を形成するようになるだろう。そのような時代には、国境はもちろん、通貨の意味合いすらも変化してしまう可能性もある。社会の基盤を支える概念が変化すれば、人々のライフスタイルは言うにおよばず、思想や哲学にまで大きな影響を与えるに違いない。

僕たちは人類史上例のない、空前の変革期に生きている。

これから10年間、世界の変化は未曾有のものになる。

だからこそ現代のビジネスには、人生をかけて打ち込む価値がある。

企業を起こし新しい産業を生み出すチャンスがあるというだけでなく、これからの企業の動きは人類の幸福そのものに間違いなく大きな影響を与えるからだ。

インターネットの爆発的な進化が世界をどう変えていくか、ウェブの網の目がこの地球というキャンバスに最終的にどんな絵を描くことになるか、それはまだ誰にも見えていないのだ。もちろんその絵を描くのは一人ではない。それは世界中の人々の合作ということになるのだろう。楽天という絵もその全体の絵柄のあくまでも一部であるには違いないのだけれど、であるならばなおさら、僕たちは他の誰にも描けないくらい美しい絵を描きたいと思う。

　インターネットという道具が、本当の意味で人間の幸福に貢献する道具になれるかどうかは、結局のところ人間自身がそれをどう使うかで決まってしまうのだ。

　それがバーチャルではない、リアルなモノの見方だ。

　インターネットはバーチャル空間に存在するものだ。けれど、インターネットが変える世界はリアルそのものなのだ。

　そのリアルな世界のあるべき姿をしっかりと心に描き、自分の信じる人類の未来に貢献するためにビジネスに全身全霊で取り組むこと。

　それこそが、僕だけではなく、楽天で一緒に仕事をしている仲間全員の信念なのだ。

２００７年９月　三木谷浩史

〈著者紹介〉
三木谷浩史　1965年兵庫県生まれ。88年一橋大学卒業後、日本興業銀行に入行。93年ハーバード大学にてMBA取得。興銀を退職後、96年クリムゾングループを設立。97年2月エム・ディー・エム(現・楽天)設立、代表取締役就任。同年5月インターネットショッピングモール「楽天市場」を開設。2000年には日本証券業協会へ株式を店頭登録(ジャスダック上場)。その後、インフォシーク、楽天トラベル、楽天証券、楽天クレジット、フュージョン・コミュニケーションズ等の参画により事業の拡大を果たす。また03年Jリーグ・ヴィッセル神戸のオーナーに就任、04年には50年ぶりの新規球団(東北楽天ゴールデンイーグルス)誕生となるプロ野球界にも参入。現在、楽天株式会社代表取締役会長兼社長。

本書は書き下ろしです。
原稿枚数252枚(400字詰め)。

成功のコンセプト
2007年10月10日　第1刷発行

著　者　三木谷 浩史
発行者　見城 徹

GENTOSHA

発行所　株式会社 幻冬舎
〒151-0051　東京都渋谷区千駄ヶ谷4-9-7

電話：03(5411)6211(編集)
　　　03(5411)6222(営業)
振替：00120-8-767643
印刷・製本所：図書印刷株式会社

検印廃止

ISBN978-4-344-01392-6　C0095
幻冬舎ホームページアドレス　http://www.gentosha.co.jp/

この本に関するご意見・ご感想をメールでお寄せいただく場合は、
comment@gentosha.co.jpまで。